캐릭터 라이선싱

리얼 미디어

다양한 미디어가 새로운 산업혁명을 이끄는 지금, 대중의 삶은 전보다 훨씬 복잡하고 어려워졌습니다. 리얼 미디어는 현장 전문가의 구체적이고 실제적이며 형식에 얽매이지 않는 생생한 지식을 전달합니다. 독자의 미디어 생활이 보다 안전하고 편리하도록 좋은 길잡이가 되겠습니다.

리얼미디어

캐릭터 라이선싱

이승용

대한민국, 서울, 커뮤니케이션북스, 2026

캐릭터 라이선싱

지은이 이승용
펴낸이 박영률

초판 1쇄 펴낸날 2026년 2월 20일

커뮤니케이션북스(주)
출판 등록 2007년 8월 17일 제313-2007-000166호
02880 서울시 성북구 성북로 5-11 (성북동1가 35-38)
전화(02) 7474 001, 팩스(02) 736 5047
commbooks@eeel.net
www.commbooks.com

CommunicationBooks Inc.
05-11, Seongbuk-ro,
Seongbuk-gu, Seoul, 02880, KOREA
phone 82 2 7474 001, fax 82 2 736 5047

ISBN 979-11-430-0331-7 13320

책값은 뒤표지에 표시되어 있습니다.

머리말

캐릭터 라이선스 시장에서 일한 지 20년이 되었다. 처음 '아기공룡 둘리' 회사에서 애니메이션과 캐릭터 사업을 시작했을 때는 관련 지식을 배울 곳이 없었다. 산업이 이제 막 걸음마 단계였던 만큼 자료를 찾기조차 쉽지 않았고, 조언을 구할 전문가도 거의 없었다. 시행착오를 반복하며 하나하나 배웠고, 해외 출장을 다니며 관련 서적을 읽고 기존에 가지고 있던 무역 지식을 접목해 나름의 기준을 세웠다. 그렇게 다양한 국내와 해외 캐릭터 사업을 맡아서 실무를 익히고 적용하면서 캐릭터 라이선스 사업의 체계를 잡아 갔다.

20년이라는 시간은 길다면 길지만, 국내 애니메이션·캐릭터 산업이 짧은 역사를 가진 점을 고려하면 그 자체로 의미 있는 경험이 되었다. 특히 대형 IP(Intellectual Property, 지식 재산)부터 중소형 캐릭터까지 다양한 프로젝트를 맡으며 실무 감각을 익힐 수 있었고, 이런 경험 덕분에 여러 기업과 기관에서 강의를 요청받기도 했다. 강의를 통해 많은 이들과 소통하면서 내가 배운 것들을 공유하고, 새로운 시각도 얻을 수 있었다.

이 책에는 실무에서 직접 경험한 것들을 정리한 내용을 담았다. 전문적인 학술서가 아니며, 나만이 알고 있는 비밀스러운 정보도 아니다. 그저 산업 현장에서 배우고 체득한 소소한 경험과 깨달음이 담겨 있다. 물론 내가 정리한 내용 중에는 시대가 변하면서 달라지거나 수정이 필요한 부분도 있을 것이다. 하지만 20년 전이나 지금이나 캐릭터 라이선스를 담당하는 인력은 소수이며, 그들이 겪는 고민도 크게 다르지 않다. SNS나 업계 네트워크에서 동료들의 이야기를 들어 보면, 여전히 같은 문제를 마주하고 있음을 실감한다. 그렇기에 이 책은 마치 후배들에게 남기는 인수인계서 같은 의미로 쓰였다. 조금이라도 시행착오를 줄이고, 보다 빠르게 적응하는 데 도움이 되길 바란다.

캐릭터 라이선스 사업은 단순히 창작에 그치는 것이 아니라 브랜드 가치를 극대화하고 지속 가능한 수익을 창출하는 복합적인 사업 분야다. 좋은 디자인과 아이디어만으로 성공하는 것이 아니라 계약, 유통, 지식 재산권 관리, 마케팅 전략 등 다양한 요소가 유기적으로 연결되어야 한다. 이를 체계적으로 이해하고 실행하지 못하면, 아무리 훌륭한 캐릭터라도 시장에서 성공하기 어렵다. 창작자는 예술적 역량뿐만 아니라 사업적인 시각도 갖춰야 하며, 나와 같은 IP 매니저를 비롯한 사업 담당자들은 시장의 요구를 파악하고 계약 및 유통 과정에서 발생할 수 있는 문제를 사전에 방지해야 한다.

이 책은 캐릭터 라이선스 산업의 실질적인 운영 원리와 실무적 조언을 담고 있다. 특히 업계 초보자들이 겪기 쉬운 문제들을 미리 대비할 수 있도록 돕고자 한다. 캐릭터 산업이 단순한 창작의 영역이 아니라 경제적 · 전략적 사고가 필요한 분야임을 강조하며, 이를 이해하는 것이 얼마나 중요한지 알려 주고자 한다.

캐릭터 라이선스 산업에 새롭게 발을 들인 이들에게 이 책이 확실한 길잡이가 되어, 그들의 창작물과 사업이 더욱 성장할 수 있도록 돕는 작은 디딤돌이 되기를 바란다. 캐릭터 라이선스 사업은 예술과 사업이 결합해 강력한 시너지를 만들어 내는 분야다. 이 책이 그 시너지를 만들어 가는 데 첫걸음이 되기를 기대한다.

2026년 1월

이승용

차례

01
캐릭터 라이선스의 기초와 법적 이해

캐릭터 라이선싱의 세계로 들어서는 첫 관문인 이 장에서는 지식 재산을 보호하는 데 필수적인 법적 기초를 다룬다. 캐릭터는 가치 있는 자산이며, 이를 지키기 위한 법적 장치를 이해하는 것이 성공의 열쇠다. 지식 재산권의 두 축인 저작권과 상표권, 그리고 상표 등록 전략, 비밀 유지 계약(NDA)의 중요성, 크리에이티브 커먼즈 라이선스(CCL) 활용 시 주의점까지 살펴본다. 이 장은 창작자들이 복잡한 법적 개념을 쉽게 이해하여 자신의 창작물을 안전하게 보호하고 수익화할 수 있는 기반을 마련해 준다.

1. 용어 정리

일반적으로 라이선스 업계에서 통용되는 용어를 정리했다. 라이선스 사업은 미국에서 처음 시작했으며, 미국과 일본을 통해 국내에 들어온 산업이므로 두 나라의 용어가 혼용되는 경우가 많다. 아래의 전문 용어들은 실무에서도 빈번히 사용되므로, 정확한 의미를 이해하고 사용하는 것이 중요하다.

1) 라이선스

국내에서는 '라이선스', '라이센스', '라이센싱' 등으로 사용하고 있는데, 외국어이므로 어느 것이 맞고 틀리다고 단정 짓는 것은 어렵다. 다만 국어사전의 표준 표기는 '라이선스'다. 정부 발행의 모든 글에서 '라이선스'로 표기하므로 '라이선스'로 표기하는 것이 좋다.

라이선스(License)는 어떤 브랜드나 캐릭터에 대한 지식 재산권을 가진 사람이나 법인이 그 권리를 타인에게 사용하도록 빌려 주는 계약이다. 여기서 문제는 '빌려 주는'에 있다. 라이선스 계약은 빌려 주는 계약이다. 영원히 주는 매매 계약이 아니다. 이것을 오해하는 데서 많은 저작권 관련 분쟁이 발생하게 된다. 라이선스하는 행위를 라이선싱(Licensing)이라고 한다.

2) 라이선서

라이선서(Licensor)는 라이선스 권리를 빌려 주는 사람이나 법인을 뜻하며, 보통 캐릭터 작가나 캐릭터 회사가 이에 해당한다. IP 소유자라고도 한다.

3) 라이선시

라이선시(Licensee)는 라이선스 권리를 빌리는 사람이나 법인으로, 보통 상품 제작사가 이에 속한다.

4) 마스터 라이선시

마스터 라이선시(Master Licensee)는 라이선시 중에서 라이선서로부터 일정 부분의 권리를 양도받고, 자신이 라이선서와 유사한 위치에서 라이선시를 모집하고 관리하는 라이선시다. 이때 모집된 라이선시를 서브 라이선시(Sub Licensee)라고 한다.

5) 캐릭터

캐릭터(Character)는 소설이나 영화에 등장하는 인물의 개성이나 성격을 의미한다. 이 어휘는 영어에서 수입된 것으로, 원래는 인물의 성격이나 특성, 문자 등 다양한 의미를 갖고 있었으나, 일본에서는 창작물 속 등장인물을 지칭하는 의미로 두드러지게 사용되었다. 이로 인해 일본과 그 영향을 받은 한국에서만 '캐릭터'라는 표현을 사용하며, 그 외의 국가에서는 '마스코트 브랜드(Mascot Brand)'라고 표현한다.

6) 저작권

저작권(Copyright)은 자신의 창작물에 대한 독점적인 권리를 의미한다. 즉, 내가 직접 만들어 낸 그림, 소설, 음악, 프로그램 등의 저작물에 대해 내가 가지는 권리라고 할 수 있다. 마치 내가 만든 물건에 대한 소유권과 비슷하다. 이런 권리는 정부 기관 등에 등록하지 않아도 자연적으로 발생하는 법적 권리다.

7) 상표권

상표권(Trademark)은 특정 상품이나 서비스를 다른 업체의 상품이나 서비스와 구별하기 위해 사용하는 상표에 대한 독점적인 권리를 의미한다. 내가 만든 제품이나 서비스를 다른 사람의 제품과 혼동하지 않도록 구별하기 위해 사용하는 이름, 로고, 슬로건 등을 법적으로 보호받을 수 있는 권리다. 이는 국가가 지정한 권위 있는 기관에 등록함으로써 생기는 법적 권리다.

8) 로열티

로열티(Royalty)는 특허권, 상표권, 저작권 등 지식 재산권을 사용하는 대가로 지불하는 일종의 사용료다. 즉, 자신의 지식 재산을 다른 사람에게 사용하게 해 주는 대가로 받는 수입이다.

9) 미니멈 개런티

미니멈 개런티(Minimum Guarantee, MG)는 로열티 계약에서 최소 보장 금액을 의미한다. 즉, 실제 로열티 수입이 이 금액에 미치지 못하더라도 계약 상대방은 해당 금액을 반드시 지급해야 한다. 야구 선수가 소속 구단을 옮길 때 받는 계약금과 비교되기도 한다. 하지만 계약금은 추후 받을 연봉과는 별개의 개념이고 계약한다는 그 행위에 대한 반대급부다. 반면 MG는 미래에 받을 로열티의 일부를 미리 당겨 받는다는 개념으로 로열티를 지급할 때는 미리 지급한 MG를 제하고 나머지 금액을 지급한다. 미래에 받을 로열티 중 일부 금액을 선지급한다는 점에서 야구 선수의 계약금과는 차이가 있다.

10) 러닝 로열티

러닝 로열티(Running Royalty)는 실제 매출액에 비례해 지급하는 로열티를 의미한다. 즉, 상품이나 서비스가 많이 팔릴수록 로열티 수입도 늘어나는 구조다.

11) 컬래버레이션

브랜드 컬래버레이션(Collaboration)은 두 개 이상의 브랜드가 서로 협력하여 새로운 제품이나 서비스를 만들거나, 공동 마케팅 활동을 펼치는 것을 의미한다. 마치 두 개의 강력한 힘이 합쳐져 시너지를 내는 것처럼, 각 브랜드가 가진 강점과 특징을 결합해 새로운 가치를 창출하는 것이다.

12) 에이전트

에이전트(Agent)는 개별적인 전문가 또는 중개인으로서 캐릭터 IP 보유자(창작자, 제작사)와 라이선스 계약을 원하는 기업(제조사, 유통사) 사이에서 중간 역할을 수행한다. 이들은 캐릭터 IP가 다양한 산업 분야에서 효과적으로 활용될 수 있도록 지원하며, 라이선싱 기업 발굴, 계약 협상 및 법적 지원, 로열티 및 수익 배분 관리, 마케팅 및 프로모션 기획, 해외 시장 진출 지원 등의 업무를 수행한다.

에이전트는 캐릭터 IP를 브랜드, 상품, 콘텐츠 등에 적용할 기업을 찾아 협력 기회를 모색하고, 라이선스 계약이 원활하게 체결될 수 있도록 협상을 주도하며 법적 검토를 수행한다. 또한 계약에 따라 발생하는 로열티와 수익 배분을 관리하여 재무 운영을 돕고, 캐릭터 IP를 활용한 효과적인 마케팅 및 프로모션 전략을 기획한다. 나아가 해외 시장 진출을 원하는 IP 보유자와 기업 간의 연결을 도와 글로벌 라이선싱 기회를 창출하는 역할도 담당한다. 이를 통해 에이전트는 캐릭터 IP의 가치를 극대화하고 산업 내에서 원활한 계약 체결과 운영을 지원하는 중요한 역할을 한다.

13) 에이전시

에이전시(Agency)는 캐릭터 IP의 매니지먼트와 사업화를 전문적으로 운영하는 회사로, 여러 캐릭터 IP를 직접 보유하거나 위탁받아 관리하는 경우가 많다. 주요 업무로는 캐릭터 IP 포트폴리오 구축 및 관리, IP 라이선싱 및 머천다이징(MD) 전략 기획, 브랜드 협업 및 컬래버레이션 기획, 글로벌 시장 확장을 위한 해외 파트너십 구축, IP의 지속적인 가치 상승을 위한 마케팅 및 홍보 활동 등이 포함된다.

에이전시는 다양한 캐릭터 IP를 효과적으로 운영할 수 있도록 포트폴리오를 구성하고 관리하며, 라이선싱 및 상품화를 통해 수익을 극대화하는 전략을 수립한다. 또한 브랜드 협업 및 컬래버레이션을 기획하여 IP의 활용 범위를 넓히고, 해외 시장 진출을 위해 글로벌 파트너와 협력 구조를 구축한다. IP의 지속적인 가치를 높이기 위해 마케팅과 홍보를 진행하며, 이를 통해 캐릭터 브랜드의 인지도를 확장하고 수익성을 강화한다.

한편, 실무에서는 에이전트와 에이전시라는 용어가 자주 혼용되지만, 에이전트는 개인 혹은 소규모 팀 단위를, 에이전시는 조직화된 회사 단위를 의미하는 것이 올바른 구분이다.

14) IP 매니저

IP 매니저(IP Manager)는 지식 재산을 관리하고 활용하는 전문가로, 주로 애니메이션, 캐릭터, 게임, 웹툰, 출판, 영화 등 콘텐츠 산업에서 활동하며 기업이나 창작자가 보유한 IP의 전략적 운영, 수익화, 보호, 확장을 담당한다. 지식 재산권 매니저, 콘텐츠 자산 관리자, 라이선스 매니저 등으로 불린다.

주요 역할은 IP 기획 및 개발, 라이선싱과 비즈니스 개발, 보호 및 법률 관리, 수익화 전략 및 마케팅, 협업 및 프로젝트 운영 등이다. IP 기획 및 개발에서는 새로운 IP를 기획하고 브랜딩 전략을 수립하며 기존 IP를 리뉴얼하거나 확장 전략을 수립한다. 라이선싱과 비즈니스 개발 업무는 IP를 활용한 상품화(머천다이징)와 라이선싱 계약을 진행하고 국내외 파트너사(배급사, 플랫폼, 제조사)와 협업하는 것을 포함한다. IP 보호 및 법률 관리 측면에서는 저작권, 상표권 등의 법적 보호와 계약을 관리하며 침해 대응 및 법률 자문을 제공한다. IP 수익화 전략 및 마케팅 업무는 IP 기반 콘텐츠(애니메이션, 게임, 웹툰, 출판 등)의 수익 모델을 개발하고 글로벌 시장 진출 및 프로모션 전략을 수립하는 데 초점을 둔다. 또한 IP 기반 협업 및 프로젝트 운영을 통해 크로스미디어 전략을 수립하고(예: 애니메이션에서 게임이나 웹툰으로 확장) 기업이나 기관과 협력하여 다양한 IP 프로젝트를 운영한다.

애니메이션 · 캐릭터 업계에서는 IP 매니저가 라이선싱, 퍼블리싱, 마케팅, 법률, 유통 등 여러 분야의 지식을 아우르는 핵심적인 역할을 한다. 단순히 IP를 보호하는 데 그치지 않고 이를 바탕으로 사업적 확장과 수익 창출을 이끌어 내는 것이 IP 매니저의 핵심 목표다.

15) 독점과 비독점

독점 라이선스는 라이선시에게 특정 캐릭터를 사용할 수 있는 배타적 권리를 부여하는 계약이다. 독점권을 가진 라이선시는 계약 기간 동안 해당 캐릭터를 사용할 수 있는 유일한 기업이나 개인이 된다. 이로 인해 라이선시는 경쟁자 없이 시장에서 캐릭터를 활용할 수 있는 전략적 이점을 얻게 된다. 독점 라이선스는 종종 높은 로열티 또는 선불금과 연계되며, 캐릭터 소유자는 라이선시가 브랜드를 어떻게 활용하는지를 철저히 관리하고 감독한다. 독점권은 라이선시에게 큰 마케팅 기회를 제공하고, 독창적인 제품 라인 개발 및 차별화된 브랜드 이미지를 구축하게 해 준다.

반면, 비독점 라이선스는 동일한 캐릭터에 대해 여러 라이선시에게 사용 권한을 부여할 수 있는 계약이다. 이는 여러 기업이 동시에 해당 캐릭터를 활용해 다양한 제품을 시장에 출시할 수 있음을 의미한다. 비독점 라이선스는 라이선서에게 더 많은 파트너십 기회를 제공하고, 여러 수익원이 발생하도록 한다. 또한 다양한 시장 부문에서 브랜드 노출을 극대화하고, 캐릭터의 인지도를 넓히는 데 유리하게 작용한다. 각 라이선시는 자신들만의 방식으로 캐릭터를 적용해 시장 경쟁력을 확보할 수 있으며, 이는 소비자에게 다양한 선택지를 제공함으로써 캐릭터의 전체적 가치를 높일 수 있다.

두 가지 라이선스 모델은 각각의 장단점이 있으며, 선택은 라이선서의 전략적 목표, 시장 상황, 브랜드 가치에 대한 이해에 따라 달라진다. 독점 라이선스는 라이선시의 강력한 브랜드 독점력을 가능케 하며, 비독점 라이선스는 시장 다각화 및 브랜드 확장을 촉진한다. 따라서 캐릭터 라이선스 계약을 체결할 때는 라이선서와 라이선시 모두가 각자의 목표와 비전에 맞는 방식을 신중하게 고려해야 한다.

16) 팝업 스토어

팝업 스토어(Pop-up Store)는 특정 기간 동안 잠시 운영되는 임시 상점을 의미한다. 이 상점들은 보통 새로운 제품이나 브랜드를 홍보하거나 특별한 이벤트를 위해 열리며, 제한된 시간 동안만 운영되기 때문에 소비자들에게 신선함과 긴급성을 제공하는 특징이 있다. 팝업 스토어는 대형 쇼핑몰, 시내 중심가, 또는 행사장과 같은 유동 인구가 많은 장소에 설치하는 경우가 많다.

팝업 스토어의 목적은 새로운 브랜드나 제품을 소비자들에게 직접 경험할 수 있는 기회를 제공하여 브랜드 인지도를 높이고, 새로운 제품이나 서비스를 시장에 소개하고 소비자 반응을 빠르게 확인하는 데 있다. 독특한 테마나 이벤트를 통해 고객에게 특별한 경험을 제공하며, 이를 통해 기존 재고를 빠르게 소진하거나 특별 프로모션을 진행하는 데 효과적이다.

팝업 스토어의 개념은 1990년대 후반 미국과 유럽에서 처음 등장했다. 이러한 형태의 소매업은 캘리포니아의 서핑 브랜드인 '퀵실버(Quiksilver)'가 1999년 홍보를 위해 단기 매장을 운영하면서 본격적으로 주목받기 시작했다. 이후 다양한 산업 분야로 확산되었으며, 특히 패션, 식음료, 라이프 스타일 브랜드들이 팝업 스토어를 통해 소비자들에게 새로운 경험을 제공하고 브랜드의 가치를 전달하는 방법으로 활용하고 있다.

17) FRP 조형물(스타추)

FRP 조형물은 유리 섬유 강화 플라스틱(Fiber Reinforced Plastic, FRP)을 이용해 제작한 조형물로, 일반적으로 '스타추(Statue)'라고 부른다. FRP는 가볍고 내구성이 뛰어나며 가공이 용이하여 다양한 형태의 조형물 제작에 적합한 소재다. 이러한 특성 덕분에 FRP 조형물은 산업, 예술, 상업 공간 등 여러 분야에서 널리 활용되고 있다.

FRP 조형물은 금속이나 석재에 비해 가벼워 운반과 설치가 용이하며, 부식에 강해 실내뿐만 아니라 실외에서도 사용할 수 있다. 또한 몰드를 이용한 성형이 가능하여 동일한 형태의 조형물을 반복적으로 제작할 수 있으며, 세밀한 조형이 가능해 정밀한 디자인 표현에도 적합하다. 방수성 및 방습성이 뛰어나 야외 설치에도 유리하며, 다양한 색상과 질감을 구현할 수 있어 도색을 통해 원하는 디자인을 완성할 수 있다.

FRP 조형물은 디자인 및 모델링 과정을 거쳐 제작된다. 먼저 3D 모델링이나 클레이 원형을 제작한 후, 실리콘, 석고 또는 FRP로 몰드를 제작한다. 이후 유리 섬유와 수지를 혼합한 재료를 틀에 부어 성형한 다음, 사포질과 퍼티(putty: 흠집, 틈 등을 메우고 표면을 평탄하게 만들기 위해 사용하는 점성 있는 충전재) 작업을 통해 표면을 매끄럽게 가공한다. 마지막으로 에어브러시와 페인트 작업으로 색을 입히고, UV 코팅과 방수 처리를 하여 내구성을 강화한다.

이러한 제작 과정을 거친 FRP 조형물은 테마파크나 놀이공원의 캐릭터 조형물, 브랜드 홍보를 위한 상업 공간의 대형 조형물, 미술 전시 작품, 건축 및 인테리어 장식, 동상이나 기념비 같은 기념 조형물 등으로 활용된다. 다만 FRP 조형물은 200℃ 이상의 고온에서는 변형될 수 있으며, 강도가 높지만 강한 충격을 받으면 균열이 발생할 가능성이 있다. 또한 맞춤 제작이 필요한 경우 초기 제작 비용이 비교적 높은 점을 고려해야 한다.

FRP 조형물은 특히 애니메이션이나 캐릭터 IP 관련 조형물로도 많이 활용되며, 이벤트, 전시, 테마파크 등에서 시각적 요소로 사용되어 브랜드와 콘텐츠의 인지도를 높이는 데 중요한 역할을 한다.

2. 지식 재산권, 저작권과 상표권

캐릭터 사업을 하면서 관련 법률을 숙지하고 있는 것은 무엇보다 중요하다. 자신이 개발하고 키워 온 캐릭터 브랜드

표 1-1. 지식 재산권의 종류와 특징

<table>
<tr><td rowspan="9">지식재산권</td><td rowspan="4">산업재산권</td><td>특허권
(발명)</td><td>자연법칙을 이용한 기술적 사상의 창작으로 발명 수준이 높은 발명</td></tr>
<tr><td>실용신안권
(고안)</td><td>물품의 형상, 구조 조합에 관한 고안</td></tr>
<tr><td>디자인권
(디자인)</td><td>물품의 외관인 디자인에 관한 아이디어</td></tr>
<tr><td>상표권
(상표)</td><td>식별력이 있는 상표 또는 서비스표</td></tr>
<tr><td rowspan="3">저작권</td><td rowspan="2">협의의
저작권</td><td>저작 인격권(공표권, 성명 표시권, 동일성 유지권)</td></tr>
<tr><td>저작 재산권(복제권, 공연권, 공중 송신권, 전시권, 배포권, 대여권, 이차적 저작물 작성권 등)</td></tr>
<tr><td>저작 인접권</td><td>실연, 음반 제작, 방송</td></tr>
<tr><td rowspan="2">신지식재산권</td><td colspan="2">반도체 배치 설계, 생명공학 발명(유전자 등)</td></tr>
<tr><td colspan="2">영업 비밀(노하우), 도메인 네임</td></tr>
</table>

를 잘못된 계약으로 인해 사용 권한을 상실하는 상황이 발생할 수 있다. 반대로 불법을 저지르는 파트너에 대해 법적 제재를 가할 수 있는 것도 관련 법률에 근거한다. 우리가 사업을 하면서 행하는 모든 행위는 법적 판단의 대상이 되므로, 설사 우리가 관련 법규를 모른다고 하더라도 그 책임을 피해 갈 수 없다. 지식 재산권의 기본 구성은 표 1-1과 같다.

표 1-2. 지식 재산권의 존속 기간

구분	특허권	실용신안권	디자인권	상표권
등록 요건	산업상 이용 가능성, 신규성, 진보성		공업상 이용 가능성, 신규성, 창작성	자타 상품 식별력
존속 기간	등록일 후 출원일로 부터 20년	등록일 후 출원일로부 터 10년	등록일 후 출원일로 부터 20년	등록일로부터 10년(10년마 다 갱신 가능)
등록 방법	심사	심사	심사/일부 심사	심사
출원 공개	유(조기 공개)	유(조기 공개)	출원인 신청	출원 공고
심사 청구	유	유	무	무

이들 권리의 존속 기간은 표 1-2와 같다.

캐릭터 업계에서 중요시하는 것은 상기 권리 중에서도 상표권과 저작권이다. 이 두 권리를 통해 라이선서의 권리가 보장되기 때문이다. 두 권리를 비교하면 표 1-3과 같다.

표 1-3. 상표권과 저작권의 등록 비교

	상표권 등록	저작권 등록
등록 대상	상표	저작물
등록처	특허청	한국저작권위원회
요건	식별력(특별 현저성)	문학 학술 예술의 범위 내 창작성, 사상이나 감정의 표현
권리 발생 시점	등록 시점	창작 시점
보호 기간	설정 등록이 있는 날로부터 10년간(10년씩 갱신 가능)	저작자 사망 후 70년
권리가 생기는 시점	등록하는 날로부터	창작 시점부터

저작권과 상표권은 지식 재산권의 권리를 지키는 중요한 두 축이며, 각각 보호 대상과 방식, 권리 행사 방식이 다르다.

1) 저작권

저작권은 별도의 등록 없이 창작과 동시에 보호된다. 창작자는 자신의 창작물이 완성된 시점부터 저작권 보호를 받게 되며, 이를 '무방식주의'라고 한다. 즉, 저작물을 창작하는 것만으로 저작권이 자동으로 발생하며, 이를 위해 별도의 등록 절차를 거칠 필요는 없다.

저작권은 창작물 그 자체를 보호하는 반면, 저작물의 제목이나 이름은 「저작권법」에 의해 보호되지 않는다. 이러한 명칭은 상표권을 통해 보호받아야 한다. 만약 내 저작물을 타인이 상표로 등록했다면, 상표 등록 자체는 무효 또는 취소 사유가 되지 않지만, 저작권 침해 금지 소송 또는 상표 사용 금지 소송을 통해 권리를 보호할 수 있다.

실무에서는 저작권은 등록하지 않아도 보호되는 권리이나, 내가 특정 시점에 작품을 완성해서 저작권을 가지고 있다는 사실을 증빙하기는 어렵다. 이 경우, 인스타그램 등의 SNS에 완성된 작품을 올리는 것도 증거 자료로 활용될 수 있다.

저작권은 인터넷을 통해 혼자서도 쉽게 등록할 수 있으며, 절차가 복잡하지 않다. 또한 등록 기간이 짧다. 저작권 등록은 일반적으로 2주 정도의 기간이 소요된다. 1회 등록 비용은 약 3만 원으로 매우 저렴하다. 다만 저작권은 형식적인 심사만 이루어지며, 그 결과 효력이 상대적으로 약할 수 있다.

2) 상표권

상표권은 무방식주의가 아닌 '방식주의'에 기반한 권리다. 즉, 상표를 보호받기 위해서는 반드시 등록이 필요하며, 상표 등록이 완료된 시점에서 비로소 상표권이 발생한다.

상표는 주로 특정 상품이나 서비스에 사용되는 이름, 로고, 기호 등을 보호한다.

상표를 등록하는 것은 해당 상표의 독점적 사용권을 얻기 위함이다. 상표를 등록하면 타인이 동일하거나 유사한 상표를 사용하지 못하도록 제한할 수 있다. 다만 상표 등록 후 3년간 사용하지 않으면 '불사용 취소 심판'을 통해 상표권이 취소될 수 있다. 따라서 상표는 실제로 사용할 계획이 있을 때 등록하는 것이 좋다. 상표권의 등록 당시에도 실제 상품에 사용되고 있다는 점을 증빙해야만 한다.

또한 상표권은 등록 절차가 복잡하므로, 전문가의 도움을 받아 진행하는 것이 일반적이다. 등록 절차도 보통 10개월 이상 소요되며, 비용도 저작권과 비교하면 상당히 높은 편이다. 또한 실체 심사와 공증 심사를 거쳐 등록되므로, 공신력이 상대적으로 높다. 다시 말해, 등록을 하면 나의 IP에 대한 방어력이 저작권보다 높다는 것이다.

상표를 등록했더라도 실제로 사용하지 않으면 누구든지 불사용 취소 심판을 청구할 수 있다. 이는 상표가 오랫동안 사용되지 않았을 경우, 그 상표가 상업적으로 사용되고 있는지 검증하는 제도다.

만약 타인이 나의 저작물을 상표로 등록했다면, 그 자체로 상표 등록이 무효가 되지는 않는다. 그러나 상표 사용 금지 소송 또는 저작권 침해 금지 소송을 통해 해당 상표의 사용을 중지시키고, 저작물에 대한 권리를 확보할 수 있다.

저작권과 상표권은 이처럼 많은 차이가 있으며 가장 큰 차이점은 저작권은 창작과 동시에 자동으로 발생하며, 창작물 그 자체를 보호하는 반면, 상표권은 등록을 통해 발생하며, 상업적 활동에서 사용하는 이름, 로고, 기호 등을 보호한다는 것이다. 저작권은 작품을 보호하고, 상표권은 상업적 식별 요소를 보호한다. 이런 차이점을 이해하고, 저작물의 이름이나 로고 등은 필요시 상표권 등록을 통해 추가적인 보호를 받을 필요가 있다.

3. 상표 등록 안 된 유명 상표는 사용할 수 있는가

상표권은 특정 상품군(상품류)에 한정하여 보호되지만, 유명 브랜드의 경우 법적으로 확장 보호를 받을 가능성이 크다. 일반적으로 상표권자는 자신이 등록한 상품류에 대해서만 상표를 독점적으로 사용할 수 있으며, 등록되지 않은 상품에 대해서는 상표권이 미치지 않는 것이 원칙이다. 그러나 소비자가 특정 브랜드와 관련이 있다고 오인할 가능성이 높다면, 해당 브랜드는 상표가 등록되지 않은 상품군이라 하더라도 법적 보호를 받을 수 있다. 이는 단순한 상표권 침해 문제를 넘어, 기업의 브랜드 가치를 보호하기 위한 중요한 법적 원칙이다.

예를 들어, '폭스바겐'이라는 브랜드가 한국에서 자동차에 대해서만 상표 등록이 되어 있다고 가정해 보자. 이 경우, 자동차 이외의 상품군에서 폭스바겐이라는 이름을 사용할 수 있을까? 만약 누군가가 폭스바겐이라는 브랜드를 이용해 볼펜을 제작 · 판매한다면, 법적으로 문제가 될 가능성이 높다. 소비자들은 폭스바겐 로고가 붙은 볼펜을 볼 때, 단순히 동일한 이름을 사용한 것이 아니라 폭스바겐이 직접 제작했거나 공식적으로 승인한 제품이라고 오인할 가능성이 크다. 이렇게 소비자들에게 혼동을 초래하는 행위는 「상표법」상 '상표권 침해'에 해당할 수 있으며, 이는 단순히 상표를 등록하지 않은 상품군에 상표를 적용하는 문제가 아니라 브랜드의 본질적인 가치를 훼손하는 행위로 간주될 수도 있다.

이러한 문제는 단순히 소비자 혼동을 초래하는 데 그치지 않는다. 유명 브랜드의 상표를 원래 사용되던 상품군이 아닌 다른 제품군에 무단으로 사용하는 것은 브랜드의 고유한 이미지나 명성을 약화시키는 '상표 희석화'에 해당할 수 있다. 상표 희석화란 특정 브랜드가 가지는 독점적 가치가 불법적으로 사용되면서 브랜드 인지도와 신뢰도가 낮아지는 현상을 말한다. 예를 들어, 폭스바겐이라는 브랜드가 자동차 분야에서 강력한 인지도를 가지고 있는데, 만약 여러 업체가 무단으로 폭스바겐이라는 이름을 사용해 다양한 상품을 판매한다면, 소비자들은 점차 폭스바겐이라는 브랜드가 특정 품질이나 명성을 의미하지 않는다고 인식할 수 있다. 즉, 브랜드의 고유한 의미가 희석되면서 기업이 오랜 시간 쌓아 온 브랜드 자산이 훼손되는 것이다. 따라서 상표 희석화를 방지하기 위해, 「상표법」은 유명 브랜드에 대해서는 등록되지 않은 상품군에서도 보호받을 수 있도록 하는 확장 보호 개념을 적용하고 있다.

법적으로 이러한 행위는 크게 두 가지 법률에 저촉될 가능성이 높다. 첫째, 「상표법」은 상표권자가 등록한 상품과 유사하지 않은 상품이라 하더라도 소비자가 혼동할 가능성이 있는 경우, 상표권 침해로 간주할 수 있도록 규정하고 있다. 다시 말해, 특정 브랜드가 자동차에 대해서만 상표를 등록했다고 하더라도, 해당 브랜드가 유명하다면 그 이름을 이용한 다른 상품에서도 보호를 받을 수 있다. 따라서 폭스바겐이 자동차에만 상표를 등록했다 하더라도, 브랜드 자체가 널리 알려져 있기 때문에 볼펜과 같은 전혀 다른 상품에서도 법적 보호를 받을 수 있다.

둘째, 「부정경쟁방지및영업비밀보호에관한법률」(약칭 「부정경쟁방지법」)은 타인의 브랜드나 명칭을 무단으로 사용하여 소비자에게 혼동을 초래하는 행위를 부정 경쟁 행위로 규정하고 있다. 이 법률은 특정 브랜드가 등록된 상표가 아닐지라도, 일반적으로 소비자들이 해당 브랜드를 보고 특정 기업과 연결 짓는 경우라면 이를 보호할 수 있도록 한다. 즉, 소비자가 폭스바겐이라는 브랜드가 붙은 볼펜을 보고 폭스바겐과 관련이 있다고 오인할 수 있다면, 이는 「부정경쟁방지법」에 따라 법적 처벌을 받을 가능성이 크다. 더 나아가, 브랜드를 무단으로 사용하는 것이 단순한 상표권 침해에 그치는 것이 아니라, 경쟁 시장에서 공정한 거래를 해치는 요소로 작용할 경우 기업 간의 법적 분쟁으로 이어질 수도 있다.

결론적으로, 특정 상품군에서 등록되지 않은 상표라고 해서 자유롭게 사용할 수 있는 것은 아니다. 특히 폭스바겐과 같은 유명 브랜드의 경우, 확장 보호가 적용될 가능성이 크며, 브랜드를 무단으로 사용할 경우 법적 책임을 질 수 있다. 기업이 오랜 시간과 막대한 비용을 들여 구축한 브랜드 이미지를 보호하기 위해, 법률은 소비자들이 혼동할 가능성이 있는 경우 등록되지 않은 상품군에서도 상표 보호를 적용할 수 있도록 하고 있다.

따라서 상표를 사용할 때는 반드시 권리자의 허락을 받아야 하며, 이를 무시할 경우 상표권 침해뿐만 아니라 부정경쟁 행위로 간주될 가능성이 높다는 점을 유의해야 한다. 브랜드 사용에 대한 법적 규정을 무시하고 무단으로 상표를 사용하는 경우, 해당 기업은 법적 소송에 휘말릴 수 있으며, 브랜드 이미지에도 심각한 타격을 입을 수 있다.

4. 글씨 · 그림, 따로 또는 함께 등록하기

처음 캐릭터를 상표 등록할 때 참고하기 위해 대표적인 상표들을 찾아보면, 어떤 상표는 그림과 글씨를 하나로 묶어 등록하기도 하고, 어떤 상표는 글씨와 그림을 따로 등록하는 경우도 있다는 점이 눈에 띈다. 왜 이런 방식의 차이가 생기는지, 각각의 차이점과 장단점을 알아보고 내 브랜드에 맞는 등록 방법을 찾아보자.

상표권을 등록할 때 그림(도형)과 글씨를 따로따로 등록하는 경우와 그림과 글씨를 함께 한 상표로 등록하는 경우는 각각의 방법이 장단점이 있어 선택 시 주의가 필요하다. 특히 상표의 보호 범위와 상표권 활용 목적에 따라 각 방식이 달리 작용하므로, 브랜드 전략과 시장 진출 계획에 맞춰 신중하게 접근해야 한다. 이에 각 방법의 장점과 단점에 대해 보다 자세히 설명하고, 추천할 수 있는 방향성에 대해서도 다뤄 보고자 한다.

1) 그림과 글씨를 따로 등록하는 경우

그림(도형)과 글씨(문자)를 별도의 상표로 각각 등록하는 방식이다. 이 경우 그림과 글씨가 독립적으로 상표권의 보호를 받는다. 이 방법의 장점은 다음과 같다.

첫째, 유연한 사용이 가능하다. 그림과 글씨를 독립적으로 사용하거나 결합해 사용하는 등 상황에 맞춰 로고 활용 방식을 다양하게 조정할 수 있다. 예를 들어, 글씨 없이 그림만으로도 상표가 보호되므로, 마케팅이나 디자인에 맞춰 더 창의적인 활용이 가능하다.

둘째, 다양한 시장에서 효과적이다. 언어가 다른 해외 시장에서도 그림 상표만으로 브랜드를 인식시키기 쉬워 다국적 활용에 유리하다. 글씨 상표를 각 나라의 언어에 맞춰 별도로 등록할 수 있어, 국제 시장 확장에도 유리하다.

셋째, 강화된 보호 범위를 기대할 수 있다. 상표의 각 요소가 독립적으로 보호되므로, 그림과 글씨가 함께 사용되지 않더라도 각각의 요소가 보호된다. 예를 들어, 그림만 사용하거나 글씨만 사용하는 경우에도 상표권이 유효하게 적용되어, 다른 회사가 유사한 도형이나 글씨체를 사용하려 할 때 이를 제한할 수 있다.

반면 단점도 존재한다.

첫째, 등록 비용이 증가한다. 그림과 글씨를 각각 등록

해야 하므로 비용이 추가된다. 특히 여러 나라에 상표를 등록할 경우 더 큰 비용이 발생할 수 있다.

둘째, 상표를 개별적으로 관리해야 하므로, 갱신이나 권리 유지 측면에서 관리가 더 복잡해질 수 있다.

방어력의 측면에서 보면, 이 방식은 높은 수준의 보호를 제공한다. 그림과 글씨를 개별적으로 보호하기 때문에, 경쟁사가 그림만 또는 글씨만을 모방하여 사용하더라도 이를 방어하기 쉽다. 두 요소가 독립적인 보호를 받기 때문에 상표 도용에 대한 방어력이 높아지며, 이를 통해 브랜드 독창성을 더 효과적으로 지킬 수 있다.

2) 그림과 글씨를 한 상표로 등록하는 경우

그림과 글씨를 하나의 상표로 결합하여 등록하는 방식으로, 해당 조합 자체가 상표권의 보호를 받게 된다. 이 방법의 장점은 다음과 같다.

첫째, 그림과 글씨를 하나로 묶어 등록하므로, 개별 등록에 비해 초기 등록 비용이 절감된다.

둘째, 브랜드 인지도가 향상된다. 그림과 글씨가 결합된 상표는 소비자들이 브랜드 전체를 기억하고 인식하는 데 효과적이다. 글씨와 그림이 동시에 나타날 때 브랜드의 의미가 더 명확해지므로, 고객들에게 강한 인상을 남길 수 있다.

셋째, 상표가 하나로 통합되어 있으므로 관리가 비교

적 쉽다. 갱신, 유지 등의 절차를 보다 간편하게 관리할 수 있다.

반면 단점도 존재한다.

첫째, 그림과 글씨를 분리하여 사용할 경우 상표 보호를 받기 어려워, 항상 결합된 형태로 사용해야 한다. 따라서 상표를 변경하거나 요소를 개별적으로 사용하는 데 제약이 있을 수 있다.

둘째, 글씨에 특정 언어가 포함된 경우 해외 진출 시 해당 상표를 그대로 사용하기 어려운 문제가 생길 수 있다. 다른 언어권에서 사용할 때는 상표 등록을 새로 해야 하는 불편함이 있을 수 있다.

방어력 측면에서 보면, 보호 범위가 좁다. 그림과 글씨의 조합으로 등록된 상표는 해당 조합 그대로 사용하는 경우에만 상표권 보호가 가능하다. 즉, 다른 회사가 글씨만을 모방하거나 그림만을 사용하는 경우까지는 제재하기 어려워 방어력이 떨어질 수 있다. 이를 악용해 일부 요소만 변경한 유사한 상표가 등장할 가능성도 있어 상대적으로 방어력이 약하다.

3) 추천 방향

다국적 시장을 목표로 하거나, 로고와 텍스트를 개별적으로 활용할 계획이라면, 브랜드를 그림과 글씨를 각각 등록하는 것이 장기적으로 유리하다. 이 방식은 개별 요소에 대한 높은 방어력을 제공하므로, 다른 회사가 부분적으로 상표를 모방하려 할 때 이를 효과적으로 차단할 수 있다. 또한 글로벌 시장에 따라 글씨 상표를 해당 언어로 등록할 수 있어 현지화 측면에서도 유리하다.

최근에는 글씨와 그림을 따로 등록하는 사례가 점점 늘어나는 추세다. 물론, 등록 비용이 증가해 기업 입장에서는 부담이 될 수 있으나 최근 급격히 증가하는 지식 재산권 관련 분쟁 상황을 고려하면 이는 단순한 비용을 넘어 브랜드를 지키기 위한 필수적인 조치라고 생각한다.

4) 상표 등록 비용

상표 출원 시 드는 비용은 크게 대리인 수수료와 특허청 관납료로 나눌 수 있다. 비용은 출원 방식과 대리인 선택 여부에 따라 달라진다. 예를 들어, 자체 출원 시에는 특허청 관납료만 납부하면 된다.

- 출원 관납료: 56,000원
- 등록 관납료: 220,120원

따라서 자체 출원 시, 등록까지 총 276,120원이 소요된다.

대리인(변리사)을 통해 출원하는 경우, 다음과 같은 비용이 발생한다(금액은 참고용이다).

- 출원 시 대리인 수수료: 40,000~200,000원
- 등록 수수료(성사금): 40,000~200,000원
- 출원 관납료: 56,000원
- 등록 관납료: 220,120원

대리인을 통한 출원 시 총비용은 356,120원에서 676,120원 사이다.

대리인을 통해 출원할 경우 소요 비용은 있으나, 출원 작업 자체가 시간과 노력이 많이 드는 절차이기 때문에, 가능하다면 대리인을 통한 출원이 훨씬 수월하며, 비용 측면에서도 아깝지 않다고 할 수 있다.

5) 추가 고려 사항

고시되지 않은 상품을 등록하는 경우, 출원 관납료가 62,000원으로 증가할 수 있으며, 상품류 1류당 비용이 책정되므로, 여러 류를 출원할 경우 비용이 증가한다. 또한 일부 대리인 서비스는 더 저렴한 비용으로 상표 등록을 제공하기도 한다. 심사 과정에서 의견 제출 통지서가 발행될 경우, 추가 비용이 발생할 수 있다.

상표 출원 비용은 이처럼 다양한 요인에 따라 달라질 수 있으므로, 구체적인 상황에 맞는 정확한 비용을 확인하려면 특허청이나 전문 변리사와 상담하는 것이 좋다.

5. 내 캐릭터를 지키는 첫걸음: 상표권 등록 상품군 순서

1) 캐릭터 상표권의 중요성

캐릭터 사업에서 상표권 등록은 브랜드 보호와 사업 확장을 위한 필수적인 절차다. 캐릭터 상표권을 등록할 때는 해당 캐릭터가 속한 사업 영역을 고려해 적절한 상품류를 선택하는 것이 중요하다. 이를 위해 캐릭터 사업을 1차, 2차, 3차 산업군으로 구분할 수 있으며, 산업군별로 전략적인 상표 등록이 필요하다.

2) 1차 산업군: 핵심 자산 보호

1차 산업군은 캐릭터 기획과 제작에 직접 관여하는 영역으로, 디지털 콘텐츠와 관련된 상품류 등록이 필수적이다. 예를 들어, '디지털 콘텐츠 보호(9류) 중 다운로드 가능한 이미지 파일'을 등록하면 전자 출판물 등 캐릭터 이미지 및 콘텐츠가 디지털 형태로 유통될 때 무단 사용을 방지하고 저작권 보호를 강화할 수 있다.

3) 2차 산업군: 사업 확장 보호

2차 산업군은 캐릭터를 활용한 광고, 마케팅, 상품화 활동 등을 포함하는 영역으로, 캐릭터 기반 비즈니스 확장에 필수적인 상표 등록이 요구된다. 또한 광고 및 마케팅(35류)은 광고업, 마케팅 서비스업, 캐릭터를 활용한 홍보 및 캠페인에서 브랜드 보호를 강화할 수 있다. 주요 등록이 필요한 상품군으로는 16류 문구류(다이어리, 필기구 등), 25류 의류(티셔츠, 모자 등), 28류 완구류(피규어, 퍼즐 등), 35류 상품 및 서비스업 라이선싱의 상업적 관리업 등이 있다. 이들의 등록은 다양한 분야에서 캐릭터가 상품화될 때 브랜드 보호를 보장할 수 있다.

4) 3차 산업군: 확장 전략적 등록

3차 산업군은 캐릭터 브랜드의 확장성과 사업 기회를 극대화하기 위해 추가로 고려할 만한 상품류를 포함한다. 21류 가정용품(머그 컵, 접시, 물병 등)은 캐릭터 굿즈로 활용 가능하며 브랜드 노출을 극대화할 수 있다. 18류 가방 및 액세서리(가방, 지갑, 파우치 등)는 패션 아이템으로 확장해 팬층의 소비를 유도할 수 있다. 14류 주얼리 및 액세서리(목걸이, 반지, 팔찌, 핀 버튼 등)는 팬층을 대상으로 한 트렌디한 제품으로 수익성을 확보할 수 있다. 20류 가구 및 실내 장식품(의자, 쿠션, 소형 가구 등)은 실내 인테리어 제품으로 브랜드 인지도를 높일 수 있다. 30류 식음료 관련 제품(캐릭터 컬래버레이션 과자, 음료 등)은 식품업체와 협업해 캐릭터 브랜드 경험을 제공할 수 있다. 41류 엔터테인먼트 및 온라인 콘텐츠 제공(온라인 게임, 캐릭터 테마 영상물, 유튜브 콘텐츠 등)은 캐릭터 팬덤을 강화하고 인지도를 확대할 수 있다. 9류 전자 기기 및 컴퓨터 관련 제품(휴대폰 케이스, 스마트폰 배경화면, 테마 앱 등)은 젊은 소비자층을 공략하며, 캐릭터 사용을 디지털 환경으로 확장할 수 있다.

5) 단계별 상표 등록 전략

상표 등록은 1차→2차→3차 순으로 진행하는 것이 효과적이다. 1차 산업군(핵심 자산 보호 우선)에서는 캐릭터의 핵심 자산인 이미지, 디자인, 콘텐츠 등을 보호해야 하므로, 9류 등록을 최우선으로 한다. 캐릭터 콘텐츠의 저작권과 상표권을 확보해 무단 도용 및 유사 캐릭터 발생 시 법적 대응이 가능해진다. 2차 산업군(사업 확장 보호)에서는 캐릭터 기반 광고·마케팅, 상품화 사업을 진행할 경우 35류, 16류, 25류, 28류 등에 대한 상표 보호가 필요하다. 3차 산업군(확장 전략적 등록)에서는 실질적으로 상품화 사업이 확대됨에 따라 필요에 따라 추가로 등록해 나가는 것이 효율적이다. 이와 같은 전략적인 상표권 등록을 통해 캐릭터 IP의 비즈니스 확장 가능성을 극대화하고 브랜드 보호를 강화할 수 있다.

6. 나의 권리를 지켜 주는 NDA의 중요성

캐릭터 작가들이 라이선스 계약을 위해 계약자나 에이전시에 자신의 자료를 보낼 때가 있다. 이때 꼭 써야 할 것이 NDA(Non-Disclosure Agreement, 비밀 유지 계약서)다. 가끔 작가들로부터 자신의 캐릭터나 기안을 도용당했다는 말을 듣는데, 이런 위험을 조금이라도 줄일 수 있는 것이 NDA이다.

1) NDA란

NDA, 즉 비밀 유지 계약은 계약 당사자 간에 비공개로 유지해야 할 정보의 범위를 명시하고, 이를 보호하기 위해 체결하는 법적 문서다. 일반적으로 NDA는 민감한 정보를 상대방에게 제공하거나 협력할 때 정보 유출을 방지하기 위한 수단으로 사용된다. 특히 캐릭터 작가나 크리에이터에게는, 창작물이나 아이디어가 외부에 노출될 경우 발생할 수 있는 저작권 문제나 경쟁사에 의한 도용을 방지하는 데 핵심적인 역할을 한다.

2) NDA는 왜 써야 하는가

NDA는 아이디어, 캐릭터 디자인, 스토리라인 등 크리에이터의 창작물이 무단으로 유출되거나 복제되는 것을 방지한다. NDA는 정보 유출 발생 시 법적 조치를 할 수 있는 근거가 된다. 계약 조항에 따라 위반 시 손해 배상을 청구하거나 법적 대응이 가능하다. 또한 거래 당사자 간에 신뢰를 형성하는 중요한 요소다. 이를 통해 양측 모두 정보 보호와 협력 관계를 강화할 수 있다.

캐릭터는 브랜드의 중요한 자산이므로, NDA는 창작물을 보호해 브랜드의 가치를 유지하고 성장 가능성을 확보하는 데 기여한다. 상대 업체에서도 NDA를 작성한 IP에 대해서는 자연스럽게 조심하게 된다.

3) NDA에 포함해야 할 문구

NDA는 기밀 정보를 보호하기 위한 중요한 법적 문서다. NDA에서 다루어야 할 주요 사항은 다음과 같다.

첫째, 계약서에는 어떤 정보가 비밀로 간주되는지를 명확히 정의해야 한다. 예를 들어, 캐릭터의 콘셉트, 디자인, 프로토타입 등이 비밀 정보에 포함될 수 있다. 이러한 정보가 외부에 유출될 경우 상업적 피해를 초래할 수 있으므로 철저한 관리가 필요하다.

둘째, 정보 수령자가 해당 정보를 제삼자에게 공개하거

나 유출하지 않을 의무가 있음을 명시한다. 이는 당사자 모두에게 중요한 책임이며, 비밀 유지 의무를 위반할 경우 법적 책임이 따를 수 있다.

셋째, 예외 조항이 필요하다. 공개된 정보나 공적으로 알려진 정보, 또는 법적으로 공개가 요구되는 정보는 비밀 유지 의무에서 제외될 수 있다. 이러한 예외를 명확히 해두어야 불필요한 분쟁을 예방할 수 있다.

넷째, NDA의 유효 기간을 명시하여 기밀 정보 보호가 적용되는 시점을 분명히 해야 한다. 일반적으로 NDA의 기간은 3년에서 5년 정도로 설정한다. 계약 기간이 만료되면 더 이상 기밀 정보를 보호할 의무가 없다는 점을 분명히 해야 한다.

다섯째, 위반 시 책임에 대한 규정이 필요하다. 계약을 위반할 경우 발생할 수 있는 법적 책임과 손해 배상 조치를 상세히 기술함으로써 양측이 계약의 중요성을 인식하고 위반을 방지할 수 있다.

마지막으로, 정보 반환에 관한 조건을 포함할 수 있다. 계약 종료 후, 비밀 정보를 반환하거나 폐기해야 한다는 조건을 설정하여 계약 종료 시 모든 기밀 정보가 안전하게 처리되도록 해야 한다.

4) 기타 사항

NDA는 양측이 정보를 보호하는 경우(쌍방 계약)와 한쪽이 정보를 제공하고 보호받는 경우(일방 계약)로 구분할 수 있다. 협의 내용에 따라 적합한 형태를 선택해야 한다. 또한 분쟁 발생 시를 대비해 관할 법원을 명시하는 조항도 포함해야 한다.

NDA는 상황과 협의 내용에 따라 달라질 수 있으므로, 법률 전문가의 도움을 받아 계약서를 작성하는 것이 바람직하다. 특히 상대 회사가 해외 기업인 경우, 그 나라의 법률과 관행에 맞게 계약서를 작성해야 한다.

NDA는 단순히 문서 한 장이 아닌, 크리에이터의 창작물과 비즈니스를 보호하는 필수 도구다. 협의 과정에서 이를 통해 신뢰를 구축하고, 장기적인 협력을 이어 갈 수 있는 토대를 마련해야 한다.

NDA가 존재한다고 해서, 상대편이 내 아이디어를 도용하지 않는다는 보장은 없다. 하지만 NDA를 쓴 IP와 쓰지 않은 IP를 비교해 보면, 일반적으로 NDA가 체결된 IP를 좀 더 조심스럽게 관리하는 경향이 있다.

7. 저작권 함정 피하기: CCL 정말 믿어도 될까

요즘 들어 CCL(Creative Commons License, 자유 이용 허락)이 표기된 콘텐츠를 사용했다가 불법 사용으로 소송에 휘말렸다는 사례를 종종 접하게 된다. 타인의 저작물을 사용할 때 CCL 표기가 있으면 마치 자유롭게 사용할 수 있는 것처럼 보인다. 그러나 모든 경우에 이를 그대로 믿고 사용하면 저작권 문제에 휘말릴 가능성이 크다. 특히 원저작권자의 허락 없이 잘못된 CCL 표기가 붙은 경우라면, 이를 선의(법률에서 선의란 모르고 했다는 의미)로 사용했더라도 책임을 벗어날 수 없다.

지금부터는 저작권과 CCL의 기본 개념을 정리하고, 선의의 사용이 저작권 침해에 어떤 영향을 미치는지, 저작물을 안전하게 사용하는 방법은 무엇인지 자세히 알아보고자 한다.

1) 저작권은 창작과 동시에 자동으로 발생한다

많은 사람이 저작권이 특정 절차를 통해 등록해야만 발생한다고 오해한다. 그러나 저작권은 저작물이 창작되는 순간 자동으로 발생한다. 이는 전 세계 대부분의 국가에서 동일하게 적용되는 규칙으로, 창작자는 별도의 등록 없이도 자신의 저작물에 대해 배타적인 권리를 가진다.

저작권자의 허락 없이 이를 복제·변형·배포하거나 이차적으로 활용하는 행위는 저작권 침해에 해당한다. 저작권은 배타적인 권리이기 때문에, 법적으로 이를 사용할 수 있는 권리를 얻으려면 반드시 창작자에게 허락을 받아야 한다.

예를 들어, 한 화가가 그린 그림은 창작된 순간부터 저작권으로 보호되며, 이를 사진으로 찍거나 복제해서 사용하려면 반드시 화가의 허락을 받아야 한다. 저작권자의 허락 없이 사용한 경우, 비상업적 목적이더라도 결과적으로 저작권 침해에 해당한다.

2) CCL 표기가 있다고 무조건 사용 가능한가

CCL은 저작자가 자신의 저작물을 일정 조건하에 자유롭게 이용할 수 있도록 허락하는 표시다. CCL에는 '저작자 표시', '비영리 목적', '변경 불가' 등 여러 가지 조건이 붙을 수 있는데, 이는 저작자가 자신의 권리를 일부 양보하겠다는 뜻이다.

그러나 여기서 중요한 점은 CCL이 원저작권자가 부여한 경우에만 유효하다는 것이다. 만약 CCL 표기가 원저작자의 동의 없이 붙여진 것이라면, 그 CCL은 법적 효력이 없다. 이를 믿고 저작물을 사용한 사람은 선의였더라도 저작권 침해로 간주될 수 있다. 이를 실제 사례를 통해 살펴보자.

A 작가가 그린 그림이 있다고 가정하자. B가 A의 그림을 사진으로 찍고 자신의 블로그에 게시하면서 "이 사진은 자유롭게 사용 가능(CCL 적용)"이라고 표시했다. C는 이 블로그를 보고 해당 CCL을 신뢰해 사진을 자신의 작품에 사용했다. 문제는 B가 A의 허락 없이 CCL을 붙였다면, B의 행동 자체가 저작권 침해에 해당한다는 점이다. 그리고 B의 허락을 신뢰해 사용한 C 또한 결과적으로 A의 저작권을 침해하게 된다.

이 상황에서 C가 "나는 선의였다"고 주장하더라도, 「저작권법」은 이를 면책 사유로 인정하지 않는다. 이를 악용해 A와 B가 공모하여 C로부터 합의금을 받아내는 사기성 사례가 실제로 존재한다는 점에서도 각별한 주의가 필요하다.

3) 선의의 사용이 저작권 침해를 면제하지 않는다

「저작권법」은 침해 여부를 판단할 때, 타 법률과는 달리 사용자의 선의를 별도로 고려하지 않는다. 저작권 침해는 사용자가 허락 없이 저작물을 사용했는지를 기준으로 판단하며, 의도나 사정은 핵심 판단 요소가 아니다.

예를 들어, 사용자가 "저작물이 CCL 표기된 것을 보고 믿었다"고 주장하더라도, 그 CCL이 원저작권자의 동의 없이 붙여진 것이라면 사용자의 행위는 저작권 침해에 해당한다고 판단한다. 저작권 침해 여부는 사용자가 저작권자의 허락을 받았는지로만 판단한다. 사용자가 선의였더라도 원저작자의 권리가 침해되었다면, 법적 책임을 피할 수 없다.

4) 선의가 고려될 수 있는 경우

선의의 사용이 저작권 침해를 완전히 면제하지는 못하지만, 일부 상황에서는 법적 책임이 감경될 수 있다. 허위 CCL로 인한 오해의 경우가 그것인데, 저작물이 잘못된 정보로 인해 자유롭게 사용 가능한 것처럼 보였다면, 법원은 선의를 참작해 손해 배상액을 줄일 수 있다.

또한 「저작권법」 제30조에 따르면, 사적 복제는 허용된다. 다만, 이를 넘어선 사용(예: 공개 배포, 상업적 활용)은 침해로 간주된다. 그리고 원저작권자가 오해의 여지를 만들었다면, 선의의 사용자가 책임을 경감받을 수 있다.

하지만 이러한 사례는 매우 제한적이며, 대부분은 원저작자가 문제를 제기하면 선의의 사용자는 법적 책임을 져야 한다.

5) 저작물 사용 시 주의할 점

저작권 문제를 피하고자 저작물을 사용할 때는 아래 사항을 꼭 확인해야 한다.

첫째, CCL 표기의 신뢰성을 검증하라. CCL이 붙어 있는 경우라도, 이를 작성한 사람이 원저작권자인지 반드시 확인해야 한다.

둘째, 원저작권자와 직접 소통하라. 가능하다면 원저작권자에게 직접 연락해 사용 허가를 받는 것이 가장 안전하다.

셋째, 상업적 활용 시 전문가의 도움을 받아라. 상업적 목적이나 대규모 배포를 계획하고 있다면, 저작권 전문가나 법률가와 상담하여 문제를 예방하는 것이 중요하다.

넷째, 불분명한 경우 사용을 피하라. 저작물의 출처나 사용 조건이 명확하지 않은 경우, 리스크를 감수하지 말고 대체 저작물을 찾는 것이 바람직하다.

다섯째, 출처가 분명한 곳의 저작물만 사용한다. 우리가 자유롭게 사용할 수 있는 저작물은 만료 저작물, 기증 저작물(〈애국가〉 등), 작가가 자유 이용을 허락한 저작물, 공공 저작물(공유마당, 공유누리 등 국가에서 관리하는 저작물) 등이 있다. 특히 공공 저작물은 많은 국가에서 운영하므로 자유롭게 사용해도 문제가 되지 않는다.

저작권은 창작자를 보호하기 위해 매우 강력하게 설계된 제도다. 이는 선의의 사용이라는 개념이 통하기 어려운 이유 중 하나다. 특히 CCL 표기가 있다 하더라도 이를 무

조건 신뢰하는 것은 위험하다. 저작물을 사용할 때는 항상 원저작권자의 권리를 우선으로 고려하고, 필요하다면 허락을 받아야 한다.

저작물 사용은 창작자와 이용자가 서로를 존중하는 태도에서 출발해야 한다. 법적 문제를 피하는 것뿐만 아니라 창작자의 권리를 인정하고 존중하는 문화가 우리 사회에 자리 잡기 위함이다. 저작물을 사용할 때는 신중하게 접근하고, 의심스러운 상황에서는 전문가의 도움을 받는 것이 가장 안전하다.

8. 라이선스 업계가 지켜야 할 윤리

캐릭터 라이선스 업계는 창작물을 보호하고 공정한 거래가 이루어져야 하는 중요한 산업 분야다. 라이선싱은 창작자의 권리를 보장하면서도 사업적 기회를 제공해 창작물을 대중에게 널리 알리는 역할을 한다. 따라서 업계 전반에서 윤리적 기준을 확립하고 이를 준수하는 것이 필수적이다.

1) 공정하고 투명한 계약

캐릭터 라이선스 계약에서는 공정성과 투명성이 가장 중

요하다. 라이선서는 창작물 사용에 대한 정당한 보상을 받아야 하며, 라이선시는 계약 조건을 명확히 이해하고 이를 성실히 준수해야 한다. 계약 과정에서 불공정한 조항이 포함되지 않도록 해야 하며, 모든 조건을 투명하게 공개해 분쟁의 소지를 줄여야 한다. 계약 체결은 상호 신뢰를 바탕으로 이루어져야 하며, 이를 통해 장기적인 협력 관계를 형성하는 것이 바람직하다.

과거에는 일부 라이선시가 계약된 수량보다 더 많은 제품을 제작하거나, 정품 인증 스티커(증지)를 부착하지 않은 채 상품을 출시하는 일이 빈번하게 발생했다. 그러나 최근에는 업계의 인식 변화와 관리 강화로 이런 사례가 줄어들고 있다. 이는 공정한 시장 질서를 확립하기 위한 노력의 결과이며, 앞으로도 투명한 계약 문화를 정착시키는 것이 중요하다.

2) 저작권 보호와 표절 방지

저작권 보호는 캐릭터 라이선스 업계에서 반드시 지켜야 할 핵심 윤리 기준이다. 라이선서는 자신의 창작물이 불법 복제되거나 무단 사용되지 않도록 지속적으로 관리하고 감시해야 한다. 또한 타인의 저작물을 무단으로 사용할 경우 법적 책임을 감수해야 한다. 라이선시 역시 계약된 범위 내에서만 창작물을 사용해야 하며, 허가 없이 변형하거나 무단 사용해서는 안 된다.

표절과 모방도 중요한 문제다. 인기 캐릭터나 디자인을 무단으로 차용하거나 유사한 캐릭터를 제작하는 것은 업계의 신뢰를 해치는 행위다. 새로운 캐릭터를 개발할 때 기존 작품을 존중하고 독창성을 유지하는 것이 중요하며, 창작물 간의 경계를 명확히 설정해야 한다. 특히 시장에서 성공한 캐릭터의 특징을 단순히 변형해 유사한 작품을 만들어내는 것은 장기적으로 업계 전체에 부정적인 영향을 미칠 수 있다. 창작자들이 독창적인 콘텐츠를 개발할 수 있도록 제도적 보호 장치를 마련하고, 윤리적 감수성을 바탕으로 한 창작 문화가 업계 전반에 정착되는 것이 중요하다.

3) 사회적 책임과 포용성

캐릭터 라이선스 업계는 단순히 상업적 이익을 추구하는 것을 넘어 사회적 책임을 고려해야 한다. 라이선서는 캐릭터가 전달하는 메시지가 사회적으로 긍정적인 영향을 미칠 수 있도록 신중하게 기획해야 한다. 특히 특정 연령층이나 문화적 배경을 반영하는 콘텐츠의 경우에는 공공의 이익을 저해하지 않도록 주의해야 한다.

사회적 다양성과 포용성도 중요한 윤리적 기준이다. 캐릭터 디자인과 스토리에서 인종, 성별, 장애, 문화 등을 공정하게 반영해야 하며, 특정 집단을 배제하거나 편향적인 시각을 조장하는 표현이 없도록 주의해야 한다. 어린이들이 주 소비층인 캐릭터 산업에서는 특히 성 역할 고정관념을 조장하는 캐릭터 설정이나 특정 민족과 문화를 비하하는 요소가 포함되지 않도록 세심한 검토가 필요하다.

라이선시는 캐릭터가 포함된 상품과 서비스가 소비자에게 미칠 영향을 고려해야 하며, 특히 어린이 소비자를 대상으로 하는 제품은 안전과 건강을 최우선으로 해야 한다. 제품의 소재와 제작 과정, 광고 방식까지도 윤리적인 기준을 충족해야 하며, 부적절한 내용이 포함되지 않도록 철저한 검토가 필요하다.

나아가 업계의 다양한 주체들은 캐릭터를 활용한 제품과 서비스를 제공할 때 환경과 사회에 미치는 영향을 고려해야 한다. 지속 가능한 제품 개발, 윤리적 생산, 공정한 유통을 실천함으로써 업계 전체가 책임 있는 경영을 실현해야 한다.

캐릭터 라이선스 업계가 윤리적 기준을 확립하고 이를 실천해 나갈 때, 창작물의 가치를 보호하면서도 지속 가능한 성장을 이루는 산업으로 자리 잡을 수 있을 것이다.

02
라이선스 산업의 구조와 계약 실무

캐릭터 비즈니스의 핵심 단계인 라이선스 계약을 심층적으로 탐구한다. 이 장에서는 라이선스 산업의 전반적인 생태계와 프로세스를 이해하고, 라이선시와 에이전시 간의 다양한 계약 방식을 살펴본다. 계약의 본질적 성격과 구성 요소를 분석하며, 계약서 작성 시 주의해야 할 핵심 사항들을 제시한다.

또한 성공적인 라이선스 계약 체결과 장기적 관계 유지를 위한 전략, 에이전시가 직면하는 실제적인 딜레마, 그리고 비즈니스 미팅과 계약 과정에서 발생할 수 있는 함정을 피하는 방법을 제공한다. 이를 통해 창작자들은 자신의 캐릭터 가치를 극대화할 수 있는 계약적 기반을 마련할 수 있다.

1. 라이선스 산업의 생태계

1) 라이선스 생태계 구성원

산업 생태계는 마치 생태계의 먹이사슬처럼, 특정 산업 내에서 서로 연결된 다양한 구성원과 그들의 관계를 설명하는 개념이다. 캐릭터 라이선스 산업의 생태계는 산업의 구조와 흐름을 이해하는 데 중요한 도구로 활용되며, 구성원 간의 상호 작용과 협력을 명확히 보여 준다. 이 생태계의 핵심 구성원은 다음과 같다.

(1) IP(지식 재산) 소유주

캐릭터를 창작하고 소유하는 개인, 기업 또는 스튜디오(예: 디즈니, 마블, 라인프렌즈)를 말한다. 이들은 캐릭터의 원천이 되는 창작물을 보유하고 있으며, 이를 통해 수익을 창출한다.

(2) 라이선싱 에이전시

IP 소유주를 대신하여 라이선스 계약을 체결하고 관리하는 기업이다. 이들은 IP 소유주와 라이선시 간의 중개자 역할을 하며, 계약 조건을 협상하고 로열티 정산을 관리한다.

(3) 라이선시

IP를 사용해 상품을 제작하고 판매하는 기업(예: 완구 제조사, 의류 브랜드, 식품 회사)을 말한다. 이들은 IP를 활용해 다양한 제품을 개발하고 시장에 출시한다.

(4) 유통 채널

라이선스 상품을 소비자에게 판매하는 채널(예: 대형 마트, 편의점, 온라인 쇼핑몰)이다. 이들은 상품이 최종 소비자에게 도달할 수 있도록 연결하는 역할을 한다.

(5) 소비자

라이선스 상품을 구매하는 최종 수요자다. 이들은 캐릭터의 팬이거나, 상품의 기능적 가치에 끌려 구매 결정을 내린다.

(6) 지원 기관

캐릭터 산업을 지원하는 정부 기관, 협회 등을 의미한다. 이들은 산업의 성장과 발전을 위해 정책적・재정적 지원을 제공한다. 대표적인 지원 기관으로는 한국콘텐츠진흥원(KOCCA), 서울경제진흥원(SBA), 경기콘텐츠진흥원(GCON) 등이 있다.

2) 생태계 내의 활동

이들은 다음과 같은 생태계 내 주요 활동을 통해 산업을 유지하고 발전시킨다.

첫째, 라이선스 계약 체결은 IP 소유주와 라이선시 간에 이루어지는 계약이다. 이 계약에서는 라이선스 사용 조건, 로열티 지불 방식 등을 명시하며, 사용 기간, 지역, 상품 범위 등을 협의한다. 이를 통해 양측은 서로의 권리와 의무를 명확히 하고, 협력 관계를 구축한다.

둘째, 상품 개발은 라이선시가 IP를 활용해 다양한 상품을 개발하고 디자인하는 과정이다. 이 단계에서 캐릭터의 이미지와 상품의 기능성을 결합하는 창의적인 작업이 이루어진다. 라이선시는 IP의 특성을 잘 반영해 소비자의 니즈를 충족하는 제품을 개발해야 한다.

셋째, 마케팅 및 홍보는 라이선스 상품을 소비자에게 알리고 판매를 촉진하는 활동이다. 이를 위해 광고, 이벤트, SNS 캠페인 등 다양한 채널을 통해 소비자의 관심을 끌어낸다. 효과적인 마케팅 활동은 상품의 판매를 증대시키고, IP의 가치를 높이는 데 중요한 역할을 한다.

넷째, 품질 관리는 라이선스 상품의 품질을 유지하고, IP의 가치를 보호하기 위한 노력이다. 이는 소비자 신뢰를 유지하고 브랜드 이미지를 강화하는 데 필수적이다. 품질 관리가 제대로 이루어지지 않으면 소비자의 신뢰를 잃을 수 있으므로 매우 중요한 단계다.

다섯째, 로열티 정산은 라이선시가 판매한 상품의 매출액에 따라 IP 소유주에게 로열티를 지급하는 과정이다. 이는 계약 조건에 따라 정기적으로 이루어지며, 정확하고 투명한 정산이 중요하다. 로열티 정산을 통해 IP 소유주는 자신이 제공한 자산에 대한 적절한 보상을 받을 수 있다.

이처럼 라이선스 산업의 생태계는 다양한 구성원과 활동이 유기적으로 연결되어 있으며, 각자의 역할과 협력이 산업의 성장과 지속 가능성을 이끌어 간다. 이를 통해 캐릭터 라이선스 산업은 글로벌 시장에서 중요한 위치를 차지하고 있다.

2. 라이선스의 과정

라이선스는 IP 보유자가 자신의 권리를 라이선시에게 '빌려 주는' 행위다. 여기서 '빌려 주는'이라는 말을 강조하는 이유는 이 개념에 대한 오해에서 라이선스 업계의 많은 문제가 발생하기 때문이다. 실제로 IP 관련 민사 소송 대부분이 '빌려 준다'는 개념을 잘못 이해한 데서 비롯된다. 라이선스는 단순히 권리를 넘기는 것이 아니라, 일정 기간과 조건하에 사용 권한을 부여하는 것이기 때문에, 이를 명확히 이해하는 것이 매우 중요하다. 일반적인 라이선스의 과정은 다음과 같다.

1) 정보 제공과 수집을 통한 사업성 검토

라이선서는 브랜드 · 캐릭터 · 콘텐츠 정보를 제공하고, 라이선시는 시장 조사 및 사업 가능성을 검토하는 과정을 가진다. 이때 라이선시는 소비자 트렌드, 경쟁사 분석, 시장 규모 등을 고려해 계약 여부를 결정하게 된다. 이 단계에서는 IP의 잠재적 가치와 시장성에 대한 철저한 분석이 이루어져야 하며, 양측이 기대치를 조율하는 데 중점을 둔다.

2) 계약 내용 협의

계약은 계약 기간, 계약 상품, 계약 지역, 로열티 등 중요한 조건을 협의한 후, 양측이 모두 만족했을 때 성립된다. 이 단계에서는 각 조건에 대한 명확한 정의와 합의가 필요하며, 특히 로열티 비율과 지불 방식은 양측의 이해관계를 조정하는 핵심 요소다.

3) 계약 성립

양측이 계약서 초안을 조율한 후 최종 계약서 작성 및 서명을 통해 법적 효력을 갖춘 계약을 체결하게 된다. 이 과정에서 필요하면 법률 자문 및 공증을 통해 계약 내용을 확정한다. 계약서에는 양측의 권리와 의무, 위반 시의 조치 등이 상세히 명시되어야 하며, 이를 통해 향후 발생할 수 있는 분쟁을 미리 방지할 수 있다.

4) 상품화

본격적인 상품 제작 단계로 라이선시는 브랜드나 캐릭터를 활용해 제품을 개발하게 되며, 이 과정에서 디자인, 생산, 포장, 마케팅 전략을 포함해 상품 개발 및 판매 전략이 완성된다. 이 단계에서는 '디자인 승인'이라는 절차를 통해 라이선서도 상품의 개발과 디자인 개발에 참여하게 된다. 이는 IP의 원래 가치를 훼손하지 않으면서도 시장의 요구를 반영한 창의적인 상품을 만들어 내는 중요한 절차다.

5) 판매

상품 완성 후 시장에 출시 및 판매를 시작하는 과정이다. 이전 상품화 단계에서 수립한 마케팅 및 유통 전략을 바탕으로 소비자에게 접근하여 수익을 낸다. 판매 데이터를 라이선서와 공유해 로열티를 관리하게 되는 중요한 과정이다. 이 단계에서는 판매 성과를 지속적으로 모니터링하고, 필요시 마케팅 전략을 조정해 시장 반응을 최적화하는 것이 중요하다.

표 2-1. 라이선서와 라이선시의 역할

과정	라이선서(권리권자)의 업무	라이선시의 업무
1. 정보 제공과 수집, 사업성 검토	정보 제공	정보 수집, 사업성 검토
2. 계약 내용의 협의 1) 계약 기간 2) 계약 상품 3) 계약 지역 4) 로열티	제안 검토 업계 경쟁력 검토	상품화 신청서(상품 계획) 제출
3. 계약 성립	허락 및 계약 체결	계약금 지불
4. 상품화	품질 관리	개발 및 제조
5. 판매	진행관리	광고 및 판촉
주요 활동	지속적인 브랜드 관리 마케팅 및 홍보	브랜드에 대한 품질 관리 장기간 파트너십 필요

이처럼 라이선스 과정은 단순히 권리를 거래하는 데 그치지 않고, IP의 가치를 극대화하고 양측의 이익을 조율하는 복잡한 절차를 포함한다. 각 단계에서의 철저한 준비와 협의는 성공적인 라이선스 계약을 위한 필수 조건이다. 이를 통해 라이선서와 라이선시는 상호 신뢰를 기반으로 지속 가능한 협력 관계를 구축할 수 있다.

3. 라이선시 및 에이전시 계약 방식

라이선스 사업을 영위하면 다양한 바이어들과 계약을 통해 사업 영역을 확장하게 된다. 라이선시들뿐만 아니라 에이전시, 혹은 마스터 라이선시와도 계약을 할 것이다. 각각의 계약 방식과 역할에 대해 자세히 살펴보자.

1) 일반 라이선시 계약 방법

라이선시는 캐릭터 소유자인 라이선서로부터 일정 기간 동안 캐릭터를 사용해 제품을 제작하거나 서비스를 제공할 권리를 구매하는 회사다. 라이선시는 주로 장난감 제조사, 의류 브랜드, 식품 회사 등이며, 이들은 라이선서를 통해 얻은 캐릭터를 활용해 제품을 개발하고 판매한다. 그 대가로 일정 금액을 라이선서에게 지불하는데, 이는 주로 로열티 형식으로 발생한다. 로열티는 제품 판매 실적에 비례해 지불되는 금액으로, 매출의 일정 비율(보통 5~15%)로 설정된다.

라이선스 계약은 일반적으로 몇 가지 주요 조건을 포함한다. 첫째, 계약 기간은 보통 1년에서 5년 사이로 설정된다. 이 기간 동안 라이선시는 해당 캐릭터를 사용해 제품을 판매할 수 있는 권리를 갖는다. 둘째, 로열티 조건은 매출에 따라 일정 비율을 라이선서에게 지불하는 방식이다.

예를 들어, 매출이 일정 금액 이상일 경우, 매출의 5~15%가 라이선서에게 지불된다. 셋째, 계약 방식 중 하나로 최소 보장 금액(MG)이 있을 수 있다. 이는 라이선시가 일정 기간 동안 보장해야 하는 최소 로열티 금액을 정해 두는 방식이다. 이를 통해 라이선서는 안정적인 수익을 확보할 수 있다.

또한 라이선스 계약에 따라 제품 개발 가이드라인도 포함된다. 캐릭터의 브랜드 이미지가 손상되지 않도록, 제품 디자인, 색상, 마케팅 방식 등에 대한 명확한 가이드라인을 제공한다. 이를 통해 캐릭터가 일관되게 사용되고, 브랜드 이미지가 유지될 수 있도록 관리한다.

마지막으로, 마케팅 및 프로모션 부분에서도 주의가 필요하다. 라이선시는 캐릭터를 활용한 광고 및 프로모션을 진행할 때, 반드시 사전에 라이선서의 승인을 받아야 한다. 이는 캐릭터의 이미지와 마케팅 전략이 일관되도록 하기 위한 조치이며, 라이선서의 승인 없이는 프로모션을 진행할 수 없다.

이러한 조건을 통해 라이선시와 라이선서는 상호 협력하며, 캐릭터를 상업적으로 효과적으로 활용할 수 있다.

2) 에이전시를 통한 계약 방법

에이전시는 라이선서와 라이선시 사이에서 중개 역할을

하는 회사다. 캐릭터 소유자와 제품 제작자 또는 마케팅 회사 간의 계약을 주선하고, 라이선스 계약이 원활하게 이루어질 수 있도록 지원한다. 또한 라이선시를 찾아내거나 캐릭터의 마케팅 전략을 지원하는 등의 역할도 한다. 에이전시의 주요 역할은 다음과 같다.

첫째, 라이선스 시장 조사다. 어떤 캐릭터가 시장에서 인기가 있는지, 어떤 기업이 라이선스를 필요로 하는지 조사해 라이선서에게 정보를 제공한다.

둘째, 계약 주선 및 협상이다. 라이선서와 라이선시 간의 계약 체결을 돕고, 계약 조건을 조율한다.

셋째, 라이선스 관리다. 계약 체결 후에도 지속적으로 라이선시의 판매 실적을 확인하고, 라이선서에게 보고하는 임무를 수행한다.

에이전시는 계약이 성사될 경우, 라이선서 또는 라이선시로부터 일정 비율의 중개 수수료를 받는다. 일반적으로 계약된 로열티의 10~30% 수준이다. 하지만 정해진 요율은 없고, 캐릭터의 유명도, 계약 난이도, 금액, 계약 상품 등 다양한 요소에 의해 결정된다. 이들의 계약 방식은 크게 둘로 나뉜다.

첫째, 라이선서-라이선시 간 직접 계약 방식으로, 라이선서가 라이선시와 직접 계약을 맺고 관리하는 방식이다. 이 경우 라이선서는 여러 라이선시를 개별적으로 관리해야 한다.

둘째, 라이선서-에이전시-라이선시 3자 계약이다. 에이전시가 중간에 개입해 라이선시를 모집하고 관리하며, 라이선서에게 보고하는 구조다. 대규모 라이선스 사업을 운영하는 경우, 이 방식이 더욱 효율적이다.

3) 마스터 라이선시를 통한 계약 방법

마스터 라이선시는 특정 지역 또는 카테고리에서 라이선스 계약의 독점 권리를 가지는 라이선시다. 즉, 해당 지역 내에서 모든 서브 라이선시(하위 라이선시)를 관리할 수 있는 권한을 가진다. 마스터 라이선시의 주요 역할은 다음과 같다.

첫째, 지역별 라이선시 모집 및 관리로, 해당 지역 내에서 라이선시를 모집하고, 이들이 캐릭터를 적절히 활용할 수 있도록 지원한다.

둘째, 브랜드 보호 및 관리 역할로, 지역 내에서 브랜드 가이드라인을 유지하고, 캐릭터가 올바르게 활용될 수 있도록 감독한다.

셋째, 로열티 수금 및 보고 업무로, 지역 내 서브 라이선시들에게서 로열티를 수금해 라이선서에게 전달한다.

넷째, 제품 개발 및 마케팅 지원 업무로, 라이선시들이 성공적으로 제품을 출시하고 판매할 수 있도록 홍보 및 마케팅을 돕는다.

일반적인 마스터 라이선시 계약의 주요 특징은 독점 계약 방식으로 진행되며, 이에 따라 특정 지역에서 단독으로 라이선스를 운영할 수 있는 독점 권한이 부여된다는 점이다. 이러한 계약은 일반적으로 3~10년의 장기로 체결하는 경우가 많다. 또한 보통 일정 기간 라이선시들이 달성해야 하는 최소 매출 목표를 설정한다.

마스터 라이선시는 특히 해외 시장에서 활용되는 경우가 많다. 예를 들어, 일본의 후타바샤(Futabasha)에서 보유한 '크레용 신짱' IP의 한국 내 마스터 라이선시는 대원미디어가 담당하고 있으며, 대원미디어는 국내의 모든 서브 라이선시를 관리하고, 로열티를 수금해 일본으로 송금하는 역할을 한다.

이처럼 마스터 라이선시는 특정 지역에서 캐릭터의 활용을 극대화할 수 있는 중요한 역할을 하며, 라이선서와 라이선시 사이에서 가교 역할을 수행한다. 라이선서 입장에서는 직접 해외 라이선시들을 관리하기 어려운 경우 마스터 라이선시를 통한 운영이 효과적인 해결책이 될 수 있다. 또한 상기 계약의 예는 당연히 계약 주체들의 협의에 따라 그 권리와 책임의 범위는 조정될 수 있다.

이러한 다양한 계약 방식과 역할을 잘 이해하고 적절한 방식으로 라이선스 사업을 운영하는 것이 중요하다. 라이선스 계약을 체결할 때는 각 방식의 장단점을 고려하고, 시장 상황에 맞는 전략을 수립해야 한다.

4. 라이선스 계약의 성격

일반적으로 개인 사업자인 제작자나 소규모 디자인 업체인 라이선서가 어느 정도 규모를 갖춘 회사인 라이선시나 에이전시와 체결하는 계약은 '기울어진 운동장'과 같다. 법적 효력을 지니는 계약임에도 불구하고, 경험과 지식이 부족한 라이선서들이 계약을 가볍게 여기는 사례를 종종 볼 수 있다. 라이선스 계약서를 작성할 때 주의해야 할 사항을 이해하는 것은 라이선서들이 실수 없이 권리를 보호하고, 불리한 상황에 부닥치지 않도록 하는 데 목적이 있다. 특히 다음과 같은 점들을 유념해야 한다.

1) 문서의 중요성

'어른들의 약속은 종이에 쓰여 있는 것뿐'이라는 말처럼 계약에서 법적 효력을 가지는 것은 종이에 명시된 내용뿐이므로 반드시 모든 중요한 사항을 문서로 남겨야 한다. 특히 핸드폰 녹음이나 이메일로 주요 연락을 기록해 두는 것이 좋다. 구두로 나눈 대화는 증거로 남기기 어렵기 때문이다. 물론 구두 계약이나 협의도 법적으로 효력을 가지나, 그 내용을 확인하거나 증명하기 어렵다. 이러한 점에서 서류나 녹음은 자신의 주장을 뒷받침할 수 있는 중요한 증거가 된다.

녹음의 경우에도 당사자가 참여한 대화를 녹음하는 것은 불법이 아니므로 적극적으로 녹음하자. 필자는 스타트업 멘토링 시 대표의 전화기가 아이폰이라면 꼭 통화 및 대화 녹음이 편리한 안드로이드폰으로 교체할 것을 권한다.

2) 계약서의 중요성

권리를 좌지우지하는 계약서는 한번 작성되면 돌이킬 수 없다는 점을 명심해야 한다. 계약서가 체결되면 그 내용은 그대로 효력이 인정되므로, 사소한 부분도 꼼꼼하게 검토해야 한다. 만약 계약서의 내용을 부인하려면, 사회 질서에 반하거나 매우 불공정한 계약임을 입증하는 특별한 사정이 있어야 한다. 예를 들어, 계약이 지나치게 한쪽에게 불리한 경우나 사회 통념에 어긋나는 경우에 한해 계약이 무효로 인정될 수 있다. 불법 대부업체의 '신체 포기 각서' 정도가 되어야 법적으로 무효가 가능하다.

3) 부주의 전가 불가

일방의 부주의를 상대방에게 전가할 수 없다는 사실을 기억해야 한다. “몰라서 그랬다”라는 말은 법적 효력을 갖지 않으며, 계약서에 명시된 내용은 그 자체로 당사자의 책임이 된다.

4) 양도와 이용 허락

라이선스 계약의 핵심은 ‘양도’와 ‘이용 허락’이다. 이는 계약의 본질을 규정하는 요소로, 양도는 캐릭터의 저작권을 상대방에게 넘기는 것이고, 이용 허락은 캐릭터를 특정한 조건하에 사용할 수 있게 허락하는 것이다. 이 두 가지 개념을 명확하게 이해하고, 계약서에 이를 분명히 반영해야 한다.

이상의 원칙을 지킨다면, 캐릭터 작가들은 불리한 상황을 피하고 자신의 권리를 확실히 보호할 수 있을 것이다.

5. 라이선스 계약서의 구성과 주의 사항

1) 라이선스 계약 시 주의 사항

라이선스 계약 시 필수로 작성해야 하는 계약서는 여타 산업의 상거래 계약서와 마찬가지로 일반적인 상거래 내용과 라이선스에 특화된 내용으로 구성된다. 그중 라이선스에 관계된 부분은 계약 기간, 계약 지역, 계약 상품, 허가 유통, 로열티 금액 및 지불 시기 · 방법, 제품 개발 관련 사항, 디자인 및 상품 승인(approval), 로열티 증지 사용 여부 및 방법, 상표권 표시, 계약 해지 등이다.

특히 계약 기간과 지역, 허가 상품 및 유통 부분은 계약의 범위에 해당하는 것이며, 로열티 관련 조항과 함께 계약서의 가장 중요한 요소다.

이러한 계약서는 일반적인 상거래의 관행과 양측이 이해하고 수긍할 수 있는 조건으로 체결하는 것이 바람직하다. 이때, 다음과 같은 점에 특히 주의해야 한다.

(1) 계약 기간

가능하면 계약 기간은 1년으로 설정하고, 자동 연장 조항은 포함하지 않는 것이 바람직하다. 많은 라이선시가 계약의 안전성과 안정성을 위해 2년 심지어는 3년의 계약을 원한다. 그러나 이는 향후 예측할 수 없는 다양한 외부 환경으로 인해 계약 갱신이나 수정 시 많은 어려움을 초래할 수 있다. 그러므로 1년 계약으로 하고, 또한 자동 연장 계약은 하지 않는다. 라이선서 입장에서 자동 연장 계약은 매우 불리한 조건이고, 계약에 문제가 발생했을 때 계약 종료를 매우 어렵게 하는 조항이다.

(2) 로열티 기준

가능하면 러닝 로열티 방식 혹은 'MG + 러닝 로열티' 방식으로 한다.

(3) 계약 형태

가급적 비독점 방식으로 한다. 라이선시는 독점을 원하고 독점 계약을 주장하는 경우가 많다. 하지만 라이선서는 비독점 계약을 주장해야 한다. 이는 여러 회사에 동일한 권리를 주려는 것이 아니라 유통 관리를 위한 것이라고 설명해서 설득해야 한다. A유통에 들어가면, B유통은 진입하기 힘들 수 있으므로 만일 B유통에 진입할 준비가 되었을 때 별도의 조건 없이 계약해 주겠다는 제안과 함께, 우선 비독점으로 계약하자고 설득하는 것이 좋다. 라이선스 계약은 계약 이후 상상할 수 없는 상황이 발생할 수 있으므로 독점에 묶여 있으면 IP가 소멸할 위험이 있다. 이에 대한 대비가 꼭 필요하다.

또한 특정 상품에 대해 독점 계약을 하면 캐릭터 작가가 홍보용으로 해당 상품을 제작할 수 없는 경우가 발생할 수 있다. 따라서 작가가 직접 제작하는 홍보물의 경우, 계약 여부에 상관없이 제작하여 사용할 수 있는 조항을 계약서에 넣는 것이 좋다.

(4) 허여 권리

허여(許與) 권리는 되도록 잘게 잘라 계약해야 한다. 유통 형태별, 나이별, 지역별 등등 다양하게 세분화하여 계약할 수 있다.

(5) 계약서 효력 발효 시기

'계약서 날인 + MG 입금'이 모두 완료되어야 계약서가 효력을 발휘하도록 하자. 일부 계약서의 경우 이런 조항이 없으면, 계약서 날인만으로 효력이 발생한다고 라이선시가 주장할 수 있다. 이러한 오해를 줄이기 위해서라도 계약서에 꼭 이 조항을 삽입하자.

(6) 지연 손해금 조항

로열티가 지정 날짜에 입금되지 않을 경우, 연리 15%의 지연 손해금을 부과하는 조항을 넣는다. 「소송촉진등에관한특례법」(약칭 「소송촉진법」)에 따라 라이선서가 받아야 할 로열티가 지급되지 않을 시 적용할 수 있는 법정 한도는 연리 기준 15%가 최대치이므로 계약서에도 15%로 명시하는 것이 바람직하다. 실제 효과는 차치하더라도, 라이선시 입장에서는 다른 거래처보다 라이선서에 대한 대금을 우선적으로 지급하도록 유도할 수 있다.

(7) 홍보물 수량

무상 홍보 기부(freemium) 수량이 전체의 5~10%를 넘을 수 없다는 조항을 삽입한다. 일부 라이선시의 경우, 라이선스 상품을 판매용으로 제작하기보다는 홍보용으로 제작하여 유통하는 예도 있다. 이 경우 라이선서는 MG 이외에는 수익이 없을 수 있고, 독점 계약 시 해당 상품 자체를 제작하기 힘들다. 이러한 경우를 방지하고 과도한 홍보용 상품 제작을 제한하기 위해 전체 수량 대비 한도를 정하는 것이 좋다.

(8) 중재에 의한 분쟁 해결

'본 계약서는 대한상사중재원(혹은 저작권위원회 / 콘텐츠분쟁조정위원회)의 중재에 따른다'는 조항을 삽입한다. 라이선서와 라이선시 간에 원만하게 계약이 끝나면 좋으나, 많은 경우 재판으로 잘잘못을 다투는 사례가 발생한다. 이때 정식 법원을 통한 재판보다는 중재를 통하면 비용과 시간을 절약할 수 있다. 상기 중재 기관의 판단은 법원과 동일한 효력을 지니고 적은 비용으로 진행되며 소요 시간도 정식 재판보다 짧다. 또한 중재 시 해당 산업의 전문가가 판단하므로 판단에 더욱 믿음이 갈 수 있다.

(9) 추가 자료 비용

기초 자료 외에 추가 자료가 필요할 때, 1차적으로 라이선서가 작업해서 넘겨주며, 이때는 유료임을 명시한다. 또한 다양한 이유로 타인이 작업 시 디자인 승인이 필수임을 명시한다.

2) 에이전시 계약 시 주의 사항

라이선서의 IP를 관리하고 마케팅·세일즈를 대행하는 에이전시와 계약할 때에도 상기 주의 사항 외에 주의해야 할 점들이 있다.

(1) 계약 기간 확인

계약이 몇 년 동안 유효한지, 계약 종료 후 권리와 의무를 명확히 확인해야 한다. 에이전시 계약에서도 자동 연장 계약은 주의가 필요하며 시간이 지나면 계약서를 다시 쓰는 것이 좋다.

(2) 저작권 및 소유권

캐릭터의 저작권이 누구에게 있는지 명확히 설정해야 한다. 캐릭터의 모든 권리를 에이전시에 양도하는 것인지, 아니면 작가가 일부 권리를 유지하는 것인지 확인이 필요하다.

(3) 라이선스 범위

에이전시가 캐릭터를 사용할 수 있는 범위(국가, 산업, 기간 등)를 명시해야 한다. 국내에만 권리를 가진 에이전시가 해외 영업을 하는 경우가 있으며, 계약 기간이 종료된 이후에도 에이전시가 라이선서의 IP를 사용하는 사례도 많다.

(4) 수익 배분 구조

수익 분배 비율(로열티, 계약금 등)과 그 산정 기준을 확인해야 한다. 특히 에이전시가 영업하지 않은 사업의 경우, RS(Revenue Share, 수익 배분) 기준과 업무의 팔로업 방식을 명확히 규정해야 한다. 에이전시와 라이선서의 관계가 틀어지는 가장 큰 원인이 바로 이 부분이다.

(5) 작가의 권리

에이전시가 제시하는 거래에 대해 작가가 거부권과 수정 권한 등을 가질 수 있는지를 명시해야 한다.

(6) 활동 범위

에이전시가 담당하는 업무(계약 협상, 마케팅, 홍보 등)와 작가가 직접 해야 하는 활동의 범위를 명확히 구분해야 한다.

(7) 계약 종료 조건

계약을 종료할 수 있는 조건(파기, 종료 통보 기간 등)을 명확히 규정해야 한다.

(8) 비밀 유지 조항

캐릭터 관련 정보나 작업물이 외부에 유출되지 않도록 비밀 유지 조항을 포함해야 하며 계약 종료 시 라이선서 관련 모든 그래픽 자료는 파기하고 사용을 금지한다는 조항을 꼭 삽입해야 한다.

(9) 책임 및 손해 배상

에이전시가 계약을 위반했을 때의 책임과 손해 배상 조항을 명확히 확인해야 한다.

(10) 분쟁 해결 방식

계약과 관련된 분쟁이 발생했을 경우, 어떤 방식으로 해결할 것인지 미리 합의해야 한다. 추천하는 방식은 라이선스 계약과 마찬가지로 저작권위원회, 대한상사중재원, 콘텐츠분쟁조정위원회의 중재에 따르는 것이다.

(11) 캐릭터 수정과 변경 권한

캐릭터의 디자인이나 설정을 수정할 때, 작가의 동의가 필요한지 여부를 명시해야 한다.

(12) 기초 자료 외의 추가 자료

필요할 경우, 1차적으로 라이선서가 작업해서 넘겨주며 이때는 유료임을 명시한다. 다양한 이유로 타인이 작업 시 디자인 승인이 필수임을 명시한다.

6. 라이선스 계약과 유지 전략

1) 라이선스 계약은 밀고 당기기

라이선스 조건의 합의는 상황에 따라 다르게 설정될 수 있으며, 정해진 규칙은 없다. 그러므로 계약 과정에서 반드시 계약서 작성은 라이선서가 주도해야 하며, "계약서 보내 주세요"라는 요청을 하기보다는, 계약서와 조건(기간 및 금액)을 직접 제시하는 것이 중요하다.

이때, 딜 메모(Deal Memo)를 받는 것이 도움이 된다. 딜 메모는 한국어로 '거래 제안서'에 해당하며, 정식 계약서 이전에 라이선시에 대한 정보와 라이선서의 IP를 어떤 형태로 홍보 및 제작 · 마케팅할 것인지에 대한 기획서다.

일반적으로 계약서 기본 조건(기간, MG, 로열티, 허여 유통 등), 회사 매출 · 주소 등의 기본 정보, 라이선스 담당

표 2-2. 딜 메모의 내용

페이지	내용
1. 거래 내용(딜 메모)	· 라이선시명, 주소, 대표자, 연락처 · 계약 기간, 품목, 계약 유통, 대상 국가, MG 지불 일정, 상품 타깃 등
2. 회사 정보	· 회사명, 전화번호, 홈페이지, 사업자 번호, 회사 형태, 주소, 대표자명, 담당자명 및 연락처 · 전년도 매출, 직원 수, 과거 진행 타 캐릭터, 디자이너 수, 공장 보유 여부, 주요 거래처 및 파트너
3. 상품 계획	· 제품명, 종류, 타깃, 예상 소비자가 및 출고가, 판매 예상 수 및 시점, 유통망
4. 생산 계획 및 일정	계약 후 향후 12개월간의 생산량 및 일정
5,마케팅 계획 및 일정	계약 후 향후 12개월간의 마케팅 계획 및 일정
6. 유통 계획	사용 예정 유통망 및 계약 후 향후 12개월간의 일정

자 연락처, 계약 상품 출시 계획표, 생산 계획 및 진행 일정, 마케팅 계획 및 일정, 유통처 및 유통 계획 등의 정보가 포함된다. 이를 바탕으로 계약 여부, MG, 로열티 등을 결정하는 것이 바람직하다.

딜 메모를 받는 목적은 라이선시에 대한 정보 획득뿐만 아니라, 계약을 위해 만들어 놓은 일정을 바탕으로 향후 계획이 예정대로 진행되지 않을 때 이를 문제 삼고 조정하거나 책임을 물을 수 있는 근거 자료로 활용하기 위함이다.

또한 MG 및 로열티를 정할 때 라이선시가 세운 생산량을 기준으로 산정하면 갈등이 적어진다. 일반적으로 예상 로열티의 70%를 MG로 정하는 것이 바람직하다. 예를 들면, 라이선시가 세운 판매 및 유통 계획상 라이선서에게 줄 로열티가 1000만 원이라면, MG는 700만 원 선이 적정하다.

2) 라이선시가 돈을 버는 구조가 곧 성공의 열쇠

라이선시와의 관계는 단기적인 1년짜리 관계로 끝나서는 안 된다. 좋은 관계를 유지하면 라이선시는 라이선서의 IP를 10년 이상 사용할 수 있다. 상품 개발은 라이선시가 전문가이므로 그들의 전문성을 존중해야 하고, 디자인 검토 등에서 라이선서가 시간을 끄는 일이 없도록 주의해야 한다. 또한 유사 제품 및 불법 제품에 대해 라이선서 측에서도 강력하게 대처해 라이선시의 권리를 보호할 수 있어야 한다.

3) 상품 개발에 적극적으로 참여

라이선시인 상품 개발사는 종종 개발 능력이 부족한 경우도 있다. 라이선서는 자신의 아이디어가 실제 상품으로 구현되도록 지속적으로 의견을 제시해야 한다. 해외여행이나 전시회에 가서도 관련 상품의 사진을 찍어 라이선시에게 전달할 만큼의 열정이 필요하다.

4) 활발한 소통

정기적인 소통이 중요하다. 프로젝트 초기부터 명확한 소통 창구를 만들어, 디자인 피드백, 상품 개발 진행 상황, 마케팅 계획 등을 논의하는 자리를 자주 갖는다. 라이선시가 궁금해하거나 필요로 하는 부분에 신속하게 대응하면 신뢰를 얻을 수 있다.

또한 라이선시의 대표이사 등의 고위층 응대도 중요하지만 더욱 중요한 것은 실무자다. 라이선시의 실무자들은 여러 회사를 옮기며, 새로운 회사에서도 계약을 진행할 수 있기 때문이다. 라이선시 담당자가 라이선서를 관리하듯, 라이선서도 담당자 개인에게 좋은 평판을 받을 수 있도록 예의 바르고 사려 깊게 행동해야 한다.

7. 라이선싱 에이전시의 딜레마

캐릭터 작가에게 라이선싱 에이전시는 애증의 관계일 수밖에 없다. 무명작가일 때는 자기의 IP를 상업화해 줄 에이전시를 만나고 싶어 하나, 에이전시 측에서 관심이 없는 경우가 많고, 드디어 유명한 작가가 되었을 때는 스스로는 아무 일도 하지 않으면서 꼬박꼬박 나의 수익 일부를 받아 가는 얄미운 존재다.

하지만 가장 바람직한 관계는 서로를 믿고 라이선서의 IP 발전을 위해 노력해서 좋은 결과를 내는 것이다. 이러한 성과를 이루기 위해서라도 좋은 에이전시를 구하고, 그들을 잘 이용하는 방법을 아는 것이 필요하다.

1) 에이전시의 역할과 기능

캐릭터 작가가 자신의 캐릭터를 상업적으로 성공시키기 위해서는 에이전시의 역할이 매우 중요하다. 에이전시는 캐릭터를 상품화하고, 라이선스 계약을 통해 다양한 상품군에 활용할 수 있도록 돕는 중개 역할을 한다. 또한 캐릭터의 가치와 잠재력을 극대화하기 위해 적합한 시장을 발굴하고, 라이선싱 전략을 세우며, 계약 협상까지 지원하는 기능을 수행한다. 에이전시는 다음과 같은 주요 역할을 한다.

첫째, 시장을 발굴한다. 캐릭터가 적합한 산업과 시장을 분석하고 상품화할 기회를 모색한다.

둘째, 라이선싱 계약을 중개한다. 캐릭터의 상업적 활용을 위해 라이선스 계약을 체결하고, 계약 조건을 협상한다.

셋째, 마케팅 및 홍보 활동을 한다. 캐릭터의 브랜드 이미지를 구축하고, 다양한 매체를 통해 홍보하여 캐릭터 인지도를 높인다.

넷째, 사업 관리를 한다. 라이선스 계약 이행을 관리하고, 캐릭터가 적절하게 활용되도록 감독하며, 정기적인 수익 관리를 한다.

2) 에이전시 선택 시 고려 사항

에이전시와의 협업은 캐릭터의 상업적 성공에 큰 영향을 미치므로, 에이전시를 선택할 때는 신중한 판단이 필요하다. 고려해야 할 사항은 다음과 같다.

첫째, 경험과 전문성을 고려해야 한다. 에이전시가 캐릭터 라이선싱에 대한 풍부한 경험과 전문성을 갖추었는지 확인한다. 성공적으로 캐릭터를 상품화한 이력이 있는 에이전시라면 더욱 신뢰할 수 있다.

둘째, 에이전시가 캐릭터가 진출하고자 하는 시장에서 강력한 네트워크를 보유하고 있는지 살펴본다. 라이선스 계약을 체결할 잠재적 파트너와의 관계가 중요한 요소가 되며, 과거 어떤 계약을 했고, 성공적으로 마무리했는지 반드시 확인해야 한다.

셋째, 에이전시와의 계약 조건 중 수익 분배 구조는 명확하고 공정해야 한다. 캐릭터 작가로서 창작물에 대한 정당한 보상이 이루어질 수 있는 계약 조건이 중요하다.

넷째, 에이전시와의 원활한 소통이 필수적이다. 계약 조건, 라이선싱 전략, 마케팅 계획 등에서 투명하고 협력적인 관계가 유지되는지 확인해야 한다.

3) 에이전시와의 협업

에이전시와의 협업은 상호 신뢰를 기반으로 이루어진다. 캐릭터 작가는 자신의 비전과 창작 의도를 에이전시에게 명확히 전달해야 하며, 에이전시는 작가의 의도를 존중하면서 상업적 성공을 위한 전략을 수립한다. 이때 계약서에는 역할과 책임이 명확하게 규정되어야 하며, 정기적인 소통을 통해 협업이 원활히 진행되도록 한다. 협업 과정에서 주의할 사항은 다음과 같다.

첫째, 캐릭터의 본질과 창작자의 의도를 존중하면서 상업적 이익을 도모해야 한다.

둘째, 에이전시는 시장의 반응과 진행 상황을 정기적으로 보고하고, 필요하면 전략을 수정할 수 있어야 한다. 라이선서가 요청하지 않아도 정기적으로 진행 상황 등을 업데이트해 주는 에이전시야말로 최고의 에이전시다. 이는 하루이틀 노력으로 가능한 것이 아니라 회사 시스템의 문제이므로, 에이전시 선택 시 계약 전에 반드시 확인해야 하는 부분이다.

셋째, 단기적인 목표를 넘어서 장기적으로 캐릭터 브랜드를 키워 나가는 데 중점을 두어야 한다. 에이전시와의 관계는 단순한 계약이 아니라 장기적인 파트너십으로 발전해야 한다.

결론적으로, 에이전시는 캐릭터 작가의 비즈니스 파트너로서 중요한 역할을 하며, 올바른 에이전시를 선택하고 협력하는 것이 캐릭터의 상업적 성공에 필수적이다.

8. 에이전시와 미팅 · 계약 시 주의할 점

캐릭터 작가들은 에이전시와 미팅하기 전에 철저히 준비해야 한다. 아래 사항을 미리 점검하여 미팅을 보다 효과적으로 진행하도록 한다.

1) 에이전시와 미팅 시 준비 사항

에이전시와의 미팅 전에 준비해야 할 사항은 매우 중요하며, 각 항목에 대해 철저한 준비가 필요하다.

첫째, 캐릭터 포트폴리오를 준비한다. 캐릭터의 디자인, 스토리, 설정 등을 상세히 정리한 포트폴리오는 에이전시에 캐릭터의 강점과 매력을 효과적으로 전달하는 중요한 자료다. 포트폴리오에는 캐릭터의 핵심 콘셉트와 차별점을 강조하는 내용이 포함되어야 하며, 디지털과 인쇄본을 모두 준비해 필요에 따라 활용할 수 있도록 한다.

둘째, 저작권 증명을 준비한다. 계약 과정에서 캐릭터

의 저작권 보호는 필수적인 부분이므로, 저작권 등록증, 디자인 등록증, 상표 등록증 등을 사전에 확보해 저작권을 입증할 수 있어야 한다. 계약 시 저작권 이전 여부를 확실히 정하며, 불필요한 저작권 양도는 지양해야 한다.

셋째, 마케팅 및 사업 계획을 세운다. 캐릭터를 어떻게 홍보하고 활용할 것인지에 대한 구체적인 계획을 마련해야 한다. 계약 이후에는 마케팅이 에이전시의 역할이지만, 작가로서 원하는 마케팅 방향과 방법을 제안하면 오해 없이 마케팅과 영업을 진행할 수 있다. 마케팅 방향을 명확히 제시하는 것이 중요하며, SNS, 유튜브, 온라인 광고, 오프라인 홍보 전략을 포함한 사업 모델을 준비한다.

넷째, 기대하는 결과를 정리한다. 에이전시를 통해 얻고자 하는 구체적인 결과를 정의하고, 라이선스 계약, 제품 출시, 해외 진출 등 원하는 목표를 미리 설정해 협력 목표를 구체화한다. 원하는 시장과 소비자 타깃을 사전에 설정하고 이를 에이전시에 명확히 전달한다.

다섯째, 다양한 에이전시 비교 분석이 필요하다. 여러 에이전시와 상담하여 자신에게 가장 적합한 에이전시를 선택한다. 각 에이전시가 제공하는 서비스와 조건을 신중히 검토하고, 수수료 및 계약 형태를 비교하며, 과거 실적과 레퍼런스를 확인하는 것이 중요하다.

마지막으로, 계약서 검토를 철저히 한다. 계약서 내용

을 충분히 이해하고, 불리한 조건이 있을 경우 수정 요청을 해야 한다. 계약 시 구두 계약을 피하고 반드시 문서로 남기는 것이 중요하며, 법률 전문가와 함께 검토하는 것이 바람직하다.

이 모든 준비가 미팅 전에 이루어진다면, 에이전시와의 협력 과정에서 보다 원활하고 성공적인 결과를 도출할 수 있을 것이다.

2) 에이전시와의 계약 시 주의 사항

에이전시와 계약을 체결할 때에는 여러 중요한 사항을 충분히 검토해야 한다. 계약 기간은 매우 중요한 요소로, 계약이 몇 년 동안 유효한지, 계약 종료 후 양측의 권리와 의무가 어떻게 되는지를 반드시 확인해야 한다. 또한 자동 연장 조항이 있는지 확인하고 필요하다면 수정 요청을 해야 하며, 계약 종료 후 캐릭터의 활용 권한이 어떻게 되는지 명확히 해야 한다.

저작권 및 소유권 문제도 반드시 확인해야 한다. 캐릭터의 저작권이 누구에게 있는지 설정하고, 모든 권리가 에이전시에게 양도되는지, 아니면 작가가 일부 권리를 유지하는지 분명히 해야 한다. 저작권이 이전되는 경우, 이에 대한 대가와 보상 체계는 반드시 계약서에 명시해야 한다.

라이선스 범위 또한 구체적으로 규정해야 한다. 에이전

시가 캐릭터를 사용할 수 있는 국가, 산업, 기간 등에 대해 명확히 정의해야 한다. 특정 산업군에서만 사용할 수 있는지, 글로벌 라이선싱 권리가 포함되는지 등을 반드시 검토해야 한다.

수익 배분 구조는 계약 체결 시 반드시 확인해야 할 중요한 사항이다. 로열티, 계약금 등 수익 분배 비율과 그 산정 기준을 명확히 하고, 에이전시가 제안하지 않은 사업의 경우 수익 배분 기준과 팔로업 방식을 분명히 정해야 한다.

작가의 권리 보장도 중요한 요소다. 에이전시가 제시하는 거래에 대해 작가가 거부권이나 수정 권한을 가질 수 있는지 명시해야 하며, 캐릭터의 변경이 필요할 경우 작가의 동의 절차를 계약서에 포함해야 한다.

계약 종료 조건에 대해서도 구체적으로 규정해야 한다. 계약 파기나 종료 통보 기간 등의 조건을 명확히 하고, 계약 종료 시 저작권 및 캐릭터 사용권이 어떻게 처리될지 세부적으로 작성해야 한다. 또한 계약 종료 후 잔여 수익 정산 방법도 계약서에 포함해야 한다.

캐릭터 관련 정보나 작업물이 외부에 유출되지 않도록 비밀 유지 조항을 포함한다. 별도로 비밀 유지 계약(NDA)을 작성하는 것도 좋은 방법이다. 또한 에이전시가 계약을 위반했을 때의 책임과 손해 배상 조항을 명확히 규정하여,

계약 불이행 시 위약금이나 손해 배상 청구 기준을 사전에 정해야 한다.

계약과 관련된 분쟁이 발생할 경우 어떻게 해결할 것인지에 대한 사전 합의도 필요하다. 저작권위원회, 대한상사중재원, 콘텐츠분쟁조정위원회 등의 중재를 따를 수 있는 조항을 포함할 수 있다.

마지막으로, 캐릭터의 디자인이나 설정을 수정할 때 작가의 동의가 필요한지 여부를 규정해야 한다. 변경 범위와 변경 가능성을 미리 설정하고 이를 계약서에 기재해야 한다. 추가적인 디자인 작업이 필요한 경우, 작가가 우선적으로 작업을 수행하고 유상 서비스로 처리하며, 타인이 작업할 경우 반드시 작가의 최종 디자인 확인을 받도록 해야 한다.

에이전시와의 계약은 캐릭터의 장기적인 활용과 수익 구조에 큰 영향을 미친다. 따라서 신중하게 검토하고 철저히 대비해 불리한 조건을 방지하고, 자신에게 유리한 계약을 체결할 수 있도록 해야 한다.

03
라이선스 비즈니스 운영과 수익 모델

라이선스 비즈니스의 실질적인 운영과 수익 창출 메커니즘을 다룬다. 효과적인 라이선스 영업 전략의 시작점과 방법론을 제시하고, 지속 가능한 라이선스 사업을 위한 삼각형 모형의 원리를 설명한다. 상품화 과정의 전체 흐름과 로열티 기준가 설정 방식을 살펴보고, 적정 로열티 책정의 원칙과 고려 요소를 분석한다.

또한 생산 수량의 정확한 확인 방법과 로열티 정산 과정, 계약서에 숨겨진 세금 관련 함정을 짚어 낸다.

마지막으로 다양한 상품 유형과 유통 채널의 특성을 분류해 캐릭터 라이선스 사업자가 수익 구조를 최적화할 수 있는 실용적 지식을 제공한다.

1. 라이선스 영업의 시작과 방법

라이선서로서 자신의 IP를 상품화할 수 있는 라이선시를 찾는 것은 무엇보다도 중요하다. 특히 라이선서가 개인 작가나 소기업인 경우 편의점, 쇼핑몰과 같은 대기업 · 대형 유통사와 미팅하는 데 어려움을 겪는 사례가 많다. 이때 다음과 같은 순서를 따르면 어렵지 않게 미팅을 진행할 수 있다.

1) 기업 조사

대기업의 비즈니스 모델, 현재 진행 중인 마케팅 캠페인, 타깃 고객층 등을 조사한다. 이를 통해 해당 기업이 어떤 방향으로 나아가고 있는지 이해하고, 자신의 캐릭터가 어떻게 그들과 시너지를 낼 수 있을지를 파악한다. 일반적으로 한번 캐릭터를 사용한 업체는 지속해서 사용하려는 경향이 있다. 이러한 정보를 바탕으로 최근 기사를 검색해, 캐릭터 사용으로 좋은 반응과 성과를 얻은 회사를 중심으로 리스트를 작성한다.

2) 제안서 작성

대기업에 제안할 컬래버레이션의 구체적인 아이디어를 담은 제안서를 작성한다. 이 제안서에서는 캐릭터의 특징,

목표, 그리고 컬래버레이션의 기대 효과를 구체적으로 설명한다. 비주얼 자료와 함께 캐릭터의 사용 예시를 포함해 시각적으로도 매력적으로 만든다.

대기업의 경우 훌륭하고 많은 사람이 다양한 아이디어를 도출할 것 같지만 실제로는 그렇지 않은 경우가 더 많다. 그들은 짧은 시간 안에 많은 이벤트를 준비해야 하므로 다양한 아이디어와 IP에 언제나 목말라 있다. 이때 신생기업이 짧고 임팩트 있는 제안서를 제공한다면, 그것이 곧 그들이 필요로 하는 아이디어가 되어 계약을 망설일 이유가 없게 된다.

3) 연락처 찾기

대기업의 마케팅 부서 또는 브랜드 관리 부서의 연락처를 찾는다. 링크드인(Linkedin), 대기업 공식 웹사이트, 또는 업계 네트워킹 이벤트 등을 통해 해당 부서의 담당자를 찾아본다. 기업의 대표 전화번호를 홈페이지에서 확인한 뒤, 마케팅 담당자나 라이선스 담당자를 찾는다고 말하거나 간단한 용건을 전하면 대부분 담당자를 찾아 연결해 준다. 이후 담당자의 연락처를 받으면 된다. 많은 사람이 생각하는 것과 달리 대기업에서도 이 방법이 상대편 회사의 담당자를 찾는 가장 효율적인 방법이다.

4) 첫 접촉

이메일이나 전화로 처음 접촉한다. 짧고 간결한 메시지로 자신의 소개와 컬래버레이션 제안을 한다. 상대방의 관심을 끌기 위해 캐릭터의 매력적인 점을 강조한다. 너무 긴 메일이나 두서없는 전화는 마이너스 요인이 된다. 상대방은 하루에 100통 이상의 메일을 받는 사람이다. 말주변이 없는 경우에는 강조할 말을 메모해서라도 간결하게 준비해서 접촉한다.

5) 미팅 요청

상대방이 긍정적인 반응을 보인다면, 구체적인 미팅 일정을 제안한다. 대면 미팅이나 화상 회의의 형식을 선택하고, 편리한 시간을 조율한다. 가능하다면 원격 미팅보다는 대면 미팅을 우선한다.

6) 미팅 준비

미팅을 앞두고 준비해야 할 자료는 매우 중요하며, 각 자료는 미팅을 보다 원활하게 진행하고, 협상에서 유리한 입장을 확보하는 데 도움이 된다. 준비할 자료는 다음과 같다.

첫째, 제안서를 준비한다. 미리 작성한 제안서를 인쇄해 가져가며, 제안서에는 캐릭터의 특성과 강점, 그리고 이를 활용한 비즈니스 모델을 명확히 제시한다. 제안서는 상대방이 캐릭터를 명확히 이해하도록 돕고, 사업 협력의 구체적인 내용을 전달하는 중요한 자료가 된다.

둘째, 캐릭터 샘플을 준비한다. 캐릭터 디자인과 관련된 비주얼 자료를 준비해 미팅 중에 보여 준다. 가능하다면 피규어나 인형 등 입체물도 함께 지참하는 것이 좋다. 2차원적인 이미지보다 3차원 상품은 캐릭터의 실체와 매력을 이해하는 데 훨씬 도움이 되므로 상대방이 캐릭터를 실제로 보고 느낄 수 있도록 한다.

셋째, 시장 조사 자료를 준비한다. 캐릭터와 컬래버레이션이 브랜드에 미칠 긍정적인 영향을 보여 주는 자료가 필요하다. 예를 들어, 유사 사례를 통해 캐릭터 협업의 성공을 입증할 수 있는 데이터나, 특정 산업에서 캐릭터의 영향력을 입증할 수 있는 자료를 준비한다. 이를 통해 미팅 상대방에게 캐릭터의 상업적 잠재력을 확실히 전달할 수 있다.

넷째, Q&A 리스트를 준비한다. 상대방이 가질 수 있는 질문에 대한 답변을 미리 생각해 보고 정리한다. 미팅 중 예상되는 질문을 사전에 준비해 둔다면, 자신감 있게 대답할 수 있고, 더욱 원활한 소통이 가능하다. 또한 질문을 미리 예상하고 준비하면 중요한 정보가 누락되는 것을 방지할 수 있다.

이 네 가지 자료는 미팅에서 효과적으로 정보를 전달하

고, 에이전시나 다른 협력자에게 긍정적인 인상을 줄 수 있는 핵심 요소다. 준비가 철저하다면 협상이나 계약 진행에서 유리한 위치를 차지할 수 있다.

7) 미팅 진행

미팅 중에는 상대방의 의견을 경청하고, 자신의 아이디어를 명확하고 자신 있게 전달한다. 피드백을 수용하고 필요에 따라 제안 내용을 조정할 수 있는 유연성을 보여 준다.

2. 안정적인 라이선스의 삼각형 모형

캐릭터를 포함한 브랜드 라이선스 시장은 관련 산업의 연관도가 높아 부침이 심하다. 이런 위험성을 조금이라도 줄이고 사업의 성공 가능성을 높이기 위해 다양한 사업 모델을 시도하는데, 그중 하나가 안정적인 라이선스의 삼각형 모델이다. 대부분의 캐릭터 브랜드 사업은 이렇게 모델을 설정하고 사업을 진행하기보다는 자연적으로 이러한 모델로 귀결되는 방식이다.

표 3-1. 안정적인 라이선스 삼각형 모형의 설명

사업	사업 시기	역할
자사 상품 제작	생소한 브랜드이거나 처음 시도하는 상품군일 때	어느 정도 마켓을 만들어 라이선시에게 전달
라이선스 사업	매출이 안정된 상품군 중심으로 계약 전문 업체에 상품 제작을 위탁함으로써 상품의 고퀄리티 유지	시장을 확대하고 전문성을 바탕으로 공격적 매출 견인
자사 유통	자사 유통을 통해 소비자와 직접 접점을 만들고 이를 통해 캐릭터의 강점과 약점을 인식하고 보완	상품 매입을 통해 라이선시의 안정적인 수익을 보장

그림 3-1. 안정적인 라이선스 삼각형 모형

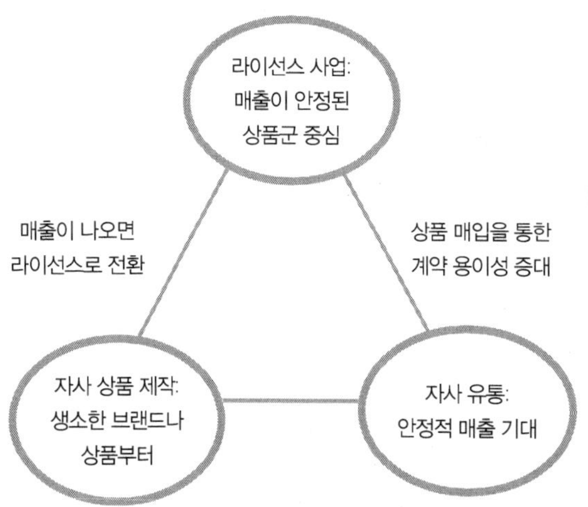

캐릭터를 중심으로 한 각각의 삼각형 꼭짓점이 사업이 되며, 이들은 서로 강점과 약점을 견인하고 보완하며 완벽한 삼각형 모양을 이루게 된다. 이러한 구조를 '안정적인 라이선스의 삼각형 모형'이라고 이름 붙였다.

1) 자사 상품 제작

IP 보유사는 초기 단계에서 직접 상품을 제작할 필요가 있다. 캐릭터가 인지도가 낮을 때, 다른 기업(라이선시)이 선뜻 라이선스를 계약하려 하지 않기 때문이다. 따라서 IP 보유사가 직접 상품을 제작해 시장 반응을 확인하는 것이 중요하다.

이 과정에서 IP 보유사는 전문적인 제조업체가 아니기 때문에 상품 제작의 완성도가 떨어질 수 있다. 하지만 중요한 것은 수익 창출이 아니라, 상품이 소비자에게 판매되는 기록을 남기는 것이다. 일정 수량의 상품을 제작하고 이를 판매한 후, 소비자층의 반응과 구매 데이터를 확보하면, 이를 바탕으로 라이선시에게 보다 설득력 있는 제안을 할 수 있다.

특히 단순한 매출 수치보다 소비자의 성별, 연령, 구매 장소, 온·오프라인 매출 비중 등 세부 데이터를 확보하는 것이 중요하다. 이러한 데이터를 통해 라이선시에게 캐릭터 상품의 시장성을 입증하면 계약 성사 가능성이 높아진다.

2) 자사 유통망 운영

IP 보유사가 유통망을 확보하는 것은 라이선스 사업을 성공적으로 진행하는 데 중요한 역할을 한다. 이상적으로는 IP 보유사가 온라인과 오프라인을 아우르는 다양한 유통망을 직접 보유하는 것이 가장 바람직하지만, 현실적으로 큰 부담이 될 수 있다. 이에 따라 IP 보유사는 자사의 상품과 라이선시가 만든 상품을 판매할 수 있는 온라인 숍을 운영하는 방법을 고려할 수 있다. 이러한 유통망을 갖추면 여러 가지 이점이 있다.

첫째, 자체 유통망을 통해 소비자 데이터를 직접 확보할 수 있다. 이 데이터를 통해 IP 보유사는 자사 제품에 대한 소비자 반응을 정확하게 파악하고, 이를 바탕으로 차기 상품 개발에 필요한 중요한 정보를 얻을 수 있다. 예를 들어, 어떤 연령대나 성별의 소비자가 자사의 제품을 선호하는지, 그리고 온라인과 오프라인에서의 매출 차이가 어떻게 나타나는지를 분석함으로써 향후 제품 전략을 보다 정교하게 세울 수 있게 된다.

둘째, 확보한 소비자 정보는 라이선시를 모집하는 데도 큰 도움이 된다. 라이선시들은 자신들의 상품이 어느 시장에서, 어떤 소비자들에게 팔릴지를 매우 중요하게 생각한다. IP 보유사가 제공하는 구체적인 소비자 정보는 라이선시들에게 실질적인 시장 예측을 가능하게 하며, 계약 체결의 신뢰도를 높여 준다.

셋째, 유통망을 통해 자사 상품과 라이선스 상품을 함께 판매하면, 외부 유통망을 이용하는 것보다 더 높은 수익을 기대할 수 있다. 자체 유통망을 통한 판매는 수익률을 높이는 동시에, 라이선스 상품에 대한 홍보 효과도 극대화할 수 있다.

마지막으로, IP 보유사가 유통망을 운영하고 있는 경우, 라이선스 계약을 체결할 때 유리한 조건을 제시할 수 있다. 예를 들어, 라이선시에게 계약 보증금(MG)을 제시할 때, IP 보유사가 운영하는 온라인 숍에서 그 금액만큼 상품을 매입해 주겠다고 제안할 수 있다. 이런 방식은 라이선시에게 큰 장점으로 다가가 계약 성사율을 높이는 효과를 가져올 수 있다.

이처럼 유통망을 보유한 IP 보유사는 데이터와 매출을 직접 관리할 수 있는 유리한 위치에 있으며, 이를 통해 라이선스 사업을 보다 안정적이고 성공적으로 이끌어 갈 수 있다.

3) 라이선스 사업

IP 보유사가 앞서 확보한 상품 제작 경험과 유통 데이터를 기반으로 라이선스 계약을 추진하면, 단순히 캐릭터의 이미지나 콘셉트만으로 영업하는 것보다 훨씬 높은 계약 성사율을 기대할 수 있다.

라이선시들이 가장 중요하게 여기는 것은 단순한 IP의 인지도보다 실제 시장에서의 성과 데이터다. 어떤 캐릭터 상품이 어느 연령층에서, 어떤 유통 경로를 통해 얼마나 판매되는지를 구체적으로 제시하면, 라이선시들은 보다 확신을 가지고 계약을 진행하게 된다.

결과적으로, IP 보유사가 직접 상품을 제작하고, 이를 자체 유통망에서 판매하며 데이터를 확보한 후, 이를 기반으로 라이선스 계약을 체결하는 방식이 가장 안정적인 라이선스 사업 모델이라고 할 수 있다. 이러한 삼각형 구조를 통해 캐릭터 브랜드 사업은 보다 안정적인 기반을 갖추고, 시장에서 지속적으로 성장할 수 있다.

3. 상품 제작 · 유통 과정과 로열티 기준가 설정법

세상에는 수많은 상품이 존재하고, 각 상품의 성격에 따라 그 제작 방식도 다양하다. 하지만 제작 이후의 유통 방식은 어느 정도 공통점이 있다. 라이선스 자체가 상품과 매우 밀접한 관계를 맺고 있으며, 유통을 도와주고 촉진해 주는 방식의 하나로 시작된 만큼 상품의 유통에 대한 이해 없이는 라이선스의 과정을 이해하기 힘들다.

상품 제작은 해당 상품을 기획하고 브랜드를 보유한 제작사가 총괄한다. 제작사는 자체 공장을 가지고 있거나, 혹은 타사나 타국에 있는 공장을 이용해 기획한 상품을 제작하여 납품을 받는다. 이렇게 생산된 상품을 국내로 들여와 상품의 도매상에게 첫 판매를 한다. 이후 도매상은 소매상에 판매하고, 소매상이 최종적으로 소비자에게 판매하는 형식이다. 정리하면 ① 제작 공장 → ② 브랜드 보유사(제작사) → ③ 도매상 → ④ 소매상 → ⑤ 소비자 순으로 상품이 유통되며, 그에 따른 상품 대금은 반대 방향으로 흐르게 되는 구조다.

이때 상품에 따라 다르나, 일반적인 소비재 상품의 경우 최종 소비자 가격을 기준으로 어느 정도 일정한 비율로 각 유통 단계에서 거래가 이루어지는 것이 보통이다. 이를 필자는 '25% 법칙'이라고 부른다.

자세히 살펴보면, 예를 들어, 소비자 가격이 100원인 연필이 있다고 치자. 연필 제작사인 ② 브랜드 보유사(제작사)는 대부분 직접 공장을 보유하고 있지 않기 때문에, 전문 제작 공장인 ① 제작 공장을 수배해서 연필을 만든다. 이때 ① 제작 공장은 연필을 만드는 데 필요한 원료와 제작에 필요한 인건비, 그리고 공장 이윤을 더해 25원에 제작

표 3-2. 상품 유통의 25% 법칙

주체	경제 행위	수익
① 제작 공장	원료비 + 제작 인건비 + 공장 마진을 포함해 제작사에 25원에 판매	25원의 매출 발생
② 브랜드 보유사(제작사)	25원에 구매해 도매상에게 50원에 판매	25원의 영업 이익 발생
③ 도매상	50원에 구매해 소매상에게 75원에 판매	25원의 영업 이익 발생
④ 소매상	75원에 구매해 소비자에게 100원에 판매	25원의 영업 이익 발생
⑤ 소비자	100원에 구매	

사에 납품한다.

25원에 구매한 ② 브랜드 보유사(제작사)는 이를 ③ 도매상에게 50원에 판매하며, 이 금액을 출고가 혹은 도매가라고 한다.

50원에 상품을 구매한 ③ 도매상은 다시 마진 25원을 붙여서 ④ 소매상에게 팔고, 최종적으로 ④ 소매상은 ⑤ 소비자에게 이를 100원에 파는 것이다. 이 과정에서 각 주체, 즉 ① 제작 공장, ② 브랜드 보유사(제작사), ③ 도매상, 그리고 ④ 소매상은 모두 25원의 수익을 보게 됨을 알 수 있다.

이 25% 법칙이 모든 상품에 적용되는 것은 아니다. 원가율이 높은 전자 제품이나, 원가율이 낮고 폐기율이 높은 식음료 분야에는 해당하지 않는다. 하지만 우리가 일반적으로 접하는 상품에는 적용할 수 있다.

물론 상품에 따라 정확히 출고가가 소비자가의 50%가 되는 것은 아니다. 어떤 상품은 40%, 어떤 상품은 60%일 수 있다. 하지만 라이선스 담당자는 이러한 일반적인 유통 수수료를 알고 있어야 라이선스 수수료를 합리적으로 산정할 수 있다. 또한 소매상이나 도매상이 단일 기업으로 구성되지 않고, 때에 따라서 3~4개의 중간 유통사로 구성된 경우도 있다.

라이선스 계약 시 기준이 되는 금액은 출고가(도매가) 혹은 소비자가가 일반적이다. 소비자가는 일상적으로 사용하는 개념이므로 어렵지 않으나, 출고가의 경우는 제작사(브랜드사)에서 첫 도매상에게 판매하는 금액으로, 사실상 라이선스 계약을 하는 주체인 브랜드사의 매출이라고 할 수 있다. 사실 브랜드사의 경우, 자신들은 도매상에게 금액을 받고 상품을 넘긴 이후에는 자신들의 상품이 얼마에 팔리든 관심도 없고, 알 수도 없다. 그러므로 상품 유통사가 자신들의 제작 상품을 1+1 행사로 박리다매를 해도 개입하기 어려운 것이 현실이다.

라이선서는 일반적으로 소비자가로 계약하기를 원한다. 소비자 가격을 관리하고 브랜드 가치를 유지할 수 있기 때문이다. 반면 라이선시는 유통 전체를 관리할 수 있는 경우가 적으므로 되도록 출고가 기준으로 계약하고자 한다.

물론 대기업 의류 업체처럼 모든 판매처가 직영이거나 직영과 유사하게 관리되면 소비자 가격까지 관리할 수 있지만, 대부분의 일반 제작사들은 이런 구조를 갖추기 어렵다.

25% 법칙은 놀랍게도 대부분의 나라에서 통용된다. 국가마다 물류비와 인건비가 싸고 비싸고의 차이에 의해 같은 상품이라도 그 나라의 기준에 맞춰 최종 소비자 가격이 결정된다.

4. 로열티 계약의 형태

라이선스 사업의 최종 목표는 무사히 로열티를 받는 것이다. 이를 위해서는 먼저 로열티의 기본 개념과 구조를 이해할 필요가 있다. 라이선서가 라이선시로부터 로열티를 받는 방법은 정액식과 정률식 두 가지가 있다.

1) 정액식

정액식(flat rate royalty)은 말 그대로, 일정 기간 동안 일정 상품에 대해 일정한 금액을 받는 방식이다.

예를 들어, '품목: 연필, 기간: 1년, 로열티: 1000만 원(세금 별도)'과 같은 조건으로 계약할 수 있다. 이 방식은 상품이 많이 팔리든 적게 팔리든 라이선서가 받는 금액은 변화가 없다. 따라서 상품이 많이 팔리면 라이선서가, 적게 팔리면 라이선시가 불만이 있는 방법이다.

2) 정률식

정률식(running royalty)은 정액식과는 달리 판매량 또는 제조량에 비례해 로열티를 지급하는 방식이다.

예를 들어, '품목: 연필, 기간: 1년, 로열티: 제작 상품 출고가의 7%(세금 별도)'와 같은 조건으로 계약할 수 있다. 이때 연필 1개당 로열티 계산법은 다음과 같다.

- 연필 1개의 소비자가: 100원
- 연필 1개의 출고가: 50원(보통 40~60원 수준)
- 상기 계약에서 연필 1개에 부과되는 로열티: 3.5원 (소비자가의 약 3.5% 수준)

이 방식은 제조되거나 판매된 수량을 기준으로, 출고가의 일정 퍼센트에 해당하는 금액을 로열티로 지급하는 방식이다.

이 경우, 기준이 되는 상품 수량에는 두 가지가 있다. 제작 상품 기준과 판매 상품 기준이 그것이다. 상품 특성상 제작된 모든 제품이 100% 판매된다는 보장은 없다. 그러므로 라이선시는 판매 상품 기준으로 계약하려 할 것이고, 라이선서는 제작 시 이미 IP를 사용했으므로 로열티를 지급해야 한다는 입장이다.

원칙은 제작 상품 기준이지만, 실제 계약에서는 양자가 협의하여 정해야 한다. 제작 상품 기준으로 하되, 샘플의 경우 로열티 대상에서 제외하는 식으로 양측이 모두 만족할 만한 방식으로 정해야 한다.

3) 혼합형

정률식의 단점은 상품이 실제로 판매되기 전까지 라이선시에게 수익이 발생하지 않을 수 있다는 것이다. 이러한 문제를 보완하기 위한 혼합형(MG + running royalty)은 최소 보장 수량(MG) 제도를 활용한다. MG란 계약 시 일정 금액을 라이선서에게 선지급하고, 이후 실제 상품이 생산되면서 발생한 로열티를 이미 지불한 MG에서 차감하는 방식이다. 이 경우, 실제 발생한 로열티가 MG 금액을 초과하면, 차기부터는 분기별, 중지 신청 시 등으로 기간을 정해 초과 로열티를 지불하면 된다.

예를 들어, '품목: 연필, 기간: 1년, 로열티: MG 500만 원

(세금 별도), 제작 상품의 출고가(세금 별도)의 7% 기준'과 같은 조건으로 계약할 수 있다.

로열티 산정 방법은 계약 당사자 양측이 협의해 정하면 되나, 소비자가 기준 로열티를 정할 때는 로열티를 부가가치세 포함 가격으로 정하고, 출고가 기준 로열티를 정할 때는 로열티를 세금 별도 금액으로 정한다. 이는 소비자가는 부가가치세를 포함하는 가격이고, 업체 간 거래에서 출고가는 보통 부가가치세를 제외하고 금액을 정해 거래하기 때문이다. 따라서 이러한 사항을 계약서에 명확히 표기해야 분쟁을 예방할 수 있다.

예를 들어, '품목: 연필, 기간: 1년, 로열티: MG 500만 원(세금 별도), 제작 상품의 출고가(세금 별도)의 7% 기준' 또는 '품목: 연필, 기간: 1년, 로열티: MG 500만 원(세금 별도), 제작 상품의 소비자가(부가가치세 포함)의 7% 기준'과 같이 정확히 표기하는 것이 좋다.

4) 로열티 관리

라이선서는 앞서 설명한 정률식이나 혼합형 방식으로 로열티를 정산할 경우, 각 라이선시에 대한 로열티를 체계적으로 관리해야 한다. 로열티 관리 대장을 그림 3-2처럼 예로 들어 살펴보면 구체적인 진행 과정을 이해할 수 있을 것이다.

그림 3-2. 로열티 관리 대장의 예

라이선시명	00상사		계약 기간	2025.1.1.~2025.12.31 (1년간)	
MG (세금 별도)	5,000,000		로열티율	출고가 7%	
날짜	비고	입금액	출금액	잔액	증지 분출 수
25.1.1	MG 입금	5,000,000	–	5,000,000	–
25.1.2	증지 신청서		2,000,000	3,000,000	100
25.1.30	증지 신청서		3,000,000	0	150
25.2.20	증지 신청서		2,000,000	–2,000,000	100
25.2.28	추가 입금	2,000,000		0	
25.3.1	증지 신청서		2,000,000	–2,000,000	100
25.3.10	증지 신청서		3,000,000	–5,000,000	150
25.3.30	추가 입금	5,000,000		0	

5. 로열티와 MG의 결정 방법

라이선스 수수료, 즉 로열티는 해당 브랜드의 인지도와 영향력에 따라 천차만별이다. 유명한 브랜드의 경우, 그 브랜드 로고를 붙이는 것만으로도 상품 판매량이 높아질 가능성이 크기 때문에 로열티가 높게 책정되지만, 유명하지 않은 작가의 브랜드는 로열티가 낮을 수밖에 없다.

일반적으로 라이선스 계약은 'MG + 러닝 로열티' 방식으로 체결하는 경우가 많다. 그래서 실무에서는 "조건이 어떻게 됩니까?"라고 물으면 관용적으로 "500에 출고가 8%입니다"라는 식으로 대답한다. 이는 'MG 500만 원에 출고가를 기준으로 한 러닝 로열티 8%'라는 의미다.

해외에서는 로열티의 기준이 소비자가가 일반적이나, 국내에서는 출고가를 기준으로 하는 것이 보편적이다. 하지만 국내에서도 외국 브랜드(예: 포켓몬, 헬로키티 등)이거나, 소비자 가격을 직접 관리하려는 브랜드(카카오프렌즈 등)는 소비자가로 계약한다.

상품별 기준 러닝 로열티를 정하는 것은 매우 어려운 일이다. 하지만 어느 정도의 가이드라인은 필요하다. 이에 대표적인 상품군의 특징과 일반적인 러닝 로열티율을 제시하면 표 3-3과 같다.

표 3-3의 로열티는 브랜드의 유명세와 인지도, 상품의 특성, 시대적 흐름에 따라 변수가 많으므로 참고용으로만 이해해야 한다.

러닝 로열티율이 결정된 후 다음 단계는 MG, 즉 최소 보장 금액을 설정하는 일이다. MG는 계약 기간 동안 예상되는 총로열티를 바탕으로 하는데, 일반적으로 총로열티의 약 70%를 기준으로 삼는 경우가 많다. 예를 들어, 계약

표 3-3. 상품별 러닝 로열티 제안가

상품군	기대 로열티	설명
의류, 패션 액세서리	출고가 8~12%	대체로 로열티율이 높은 편. 브랜드 이미지와 결합된 제품이므로 가치를 높게 평가한다. MG도 타 상품군에 비해 높다.
완구, 피규어, 문구류	출고가 6~10%	완구와 문구류는 상대적으로 가격대가 낮은 소비재라 로열티율이 다소 낮다. 다만, 판매량이 많아 안정적인 수익을 기대할 수 있다.
식품 음료 (F&B, Food and Beverage)	매출가 기준 0.5~2%	식품과 음료는 소비 속도가 빠르고, 브랜드 이미지보다는 실용성에 더 중점을 두기 때문에 로열티율이 비교적 낮다. 또한 유통 기한이 있어 세작된 상품에 비해 판매되는 양이 적다.
가전제품, 생활용품	출고가 1~5%	제품의 특성상 단가가 높고, 장기적으로 사용되기 때문에 중간 정도의 로열티율이 적용된다.
출판, 인쇄물(책, 달력 등)	로열티율 정가 기준 4~8%	출판물은 콘텐츠의 중요성이 높지만, 일반적으로 가격이 낮고 경쟁이 치열해 로열티율은 중간 정도로 책정된다.

상품에 대한 연간 총로열티의 예상 금액이 1000만 원이라고 가정하면, 그 70%에 해당하는 700만 원 정도를 MG로 설정할 수 있다. 이 방식은 특정 기준을 제공하여 양측 모

두가 어느 정도 예측 가능한 범위 내에서 협상을 진행할 수 있도록 도와준다.

MG의 결정은 라이선서와 라이선시가 상호 협의를 통해 이뤄지기 때문에, 정해진 법칙은 없다. 양측의 협의가 중요한 이유는 한쪽에서 일방적으로 금액을 제시하면 상대방의 동의를 얻기 어렵고 결국 계약이 이뤄지지 않을 가능성이 높아지기 때문이다. 이러한 상황을 방지하기 위해, 대체로 라이선서는 라이선시가 제공하는 연간 또는 전체 계약 기간 동안의 상품 제작 및 판매에 대한 예측 자료, 즉 '딜 메모(거래 제안서)'를 받는다. 이 딜 메모에는 라이선시가 계약 기간 동안 예상되는 제작 수량과 판매량이 기재되어 있으며, 이를 바탕으로 로열티를 산출해 MG를 설정하는 것이 일반적이다.

이렇게 하면 라이선시도 예상 생산 수량에 기반해 제안서를 제출했기 때문에, 설정된 MG에 대한 불만이 줄어든다. 즉, 라이선시가 자신이 제출한 예측치에 따라 MG가 설정된 것이므로 조건에 대한 이해도가 높다. 따라서 향후 계약상의 불일치나 오해의 여지를 줄일 수 있다. 이와 같이 계약 협의 과정에서 딜 메모는 매우 중요한 역할을 하므로 반드시 교환하는 것이 좋다. 이는 계약 체결 후 발생할 수 있는 분쟁을 예방하고, 보다 원활한 계약 진행을 가능하게 한다. 딜 메모는 상호 간의 예측과 기대를 공유할 수 있는 중요한 수단이다.

로열티는 결국 라이선서와 라이선시의 협의 결과다. 유형 상품과 달리 IP는 형태가 없고 생산 원가 산정이 어려워 거래 금액인 로열티를 산정하기가 매우 어렵다. 필자 역시 처음 라이선스 사업을 시작할 때 기준가를 몰라서 디즈니 유료 세미나에서 손을 들어 질문한 적도 있는데, 답변자가 어이없다는 표정을 지었던 기억이 아직도 생생하다. 당시에는 이유를 몰랐는데 지금은 이해한다. 그만큼 변수가 많아 기준을 정하기 힘들기 때문이다. 그럼에도 불구하고 과거의 필자처럼 기준이 없어 막막한 사람들에게는 이 내용이 도움이 될 것이다.

6. 상품 생산 수량 확인 및 로열티 정산

1) 로열티 계산

라이선스의 최종 목표는 여러 가지가 있을 수 있으나, 가장 중요한 것은 역시 로열티 수금이라고 할 수 있다. 라이선스의 기본 구조는 '만들어진(혹은 판매된) 상품에 따라서 로열티를 받는 방식'이며, 이에 따라 라이선서는 라이선시의 제작 혹은 판매 수량을 파악할 필요가 있다. 관행적으로 라이선시는 로열티를 적게 내기 위해 생산량 혹은 판매량을 줄여서 보고하고자 하는 경향이 있다. 이러한 위험을 줄이기 위해 업계에서는 '홀로그램 증지'라는 방식을 개발했다.

아마 상품을 구매할 때, 어떤 상품에 홀로그램 스티커가 부착된 것을 본 적이 있을 것이다. 바로 이 스티커가 로열티 계산을 위한 상품 수량 확인을 목적으로 도입된 것이다.

라이선서는 라이선시로부터 홀로그램 스티커를 요청받으면, 요청받은 수량만큼 홀로그램 스티커를 라이선시에게 전달하면서, 그 스티커에 맞는 로열티를 수금한다.

예를 들어, 100원짜리 소비자가의 연필에 대한 라이선스 계약을 '출고가의 10%'를 로열티로 지불하기로 계약했다면, 출고가는 다양할 수 있으나 일반적으로 50원 정도가 될 것이고, 연필 1개당 로열티는 그 10%인 개당 5원이 될 것이다.

라이선시가 이번에 제작할 연필 수량이 1,000개라면, 발생하는 로열티는 5원 × 1,000개 = 5,000원이 된다. 그리고 라이선시는 받은 1,000개의 홀로그램을 상품인 연필에 부착하게 된다. 그러므로 이론적으로 홀로그램이 붙지 않은 상품이 시중에 판매되는 일은 없다.

만일 시중에서 홀로그램이 붙지 않는 상품이 발견되면, 그 원인은 두 가지 중 하나다. 유통 과정에서 실수로 스티커가 떨어졌거나, 혹은 라이선시가 일부러 제작량을 줄여서 보고하고 일부 상품에는 홀로그램을 붙이지 않은 것이다. 후자는 라이선스 계약 자체를 위태롭게 하는 중대한 사안으로, 이는 계약 파기 및 손해 배상의 사유가 된다. 다만 '상품 매출이 발생하는 곳에 로열티가 있다'는 전제를 바탕 으로상품 샘플의 경우에는 증지를 붙이지 않는 것이 일반적이다.

2) 다양한 증지

라이선시들의 상품 분포가 100원짜리부터 10만 원짜리까지 매우 넓은 캐릭터의 경우, 증지에 A, B, C와 같이 종류를 구분해 표기하기도 하고, 시리얼 번호를 기재하기도 한다. 이는 라이선시가 저렴한 상품을 제작했다고 보고하고, 실제로는 증지를 비싼 상품에 붙이는 편법을 방지하려는 장치다.

또한 증지의 불법 복제를 막기 위해 증지에 숨은 그림(음화)을 넣는 경우도 있다. 이 경우 숨은 그림의 존재 여부를 확인하기 위해 휴대용 확대경인 '루페(loupe)'를 사용해 검사한다.

3) 인쇄 증지

사실 요즘은 홀로그램 스티커를 복제하는 일이 어렵지 않으며, 라이선서와 라이선시 간에 신뢰가 형성되어 있는 관계라면 증지가 필요하지 않다. 증지 한 장의 단가가 4~10원의 고가이며, 스티커를 붙이는 데도 인력과 비용이 소요되기 때문에 라이선시가 믿을 만한 파트너이거나 대기업인 경우 상품에 증지를 인쇄하는 인쇄 증지 방식을 사용하기도 한다.

F&B(Food and Beverage) 제품처럼 냉장 보관이 필요한 경우, 스티커 형태의 증지는 부착이 힘들고, 붙인다 해도 떨어지는 경우가 많아 인쇄 증지를 사용하는 경우가 많다. 이 경우 라이선시는 성실하게 라이선서에게 제작 또는 판매된 상품의 개수를 보고해야 한다.

4) 증지 신청서

라이선시는 증지 신청서를 라이선서에게 보내 증지를 요청한다. 증지 자체가 법률적으로 유가 증권의 성격을 띠기 때문에 관리하는 라이선서도, 수령하는 라이선시도 매우 조심스럽게 대한다. 많은 회사에서 증지는 회사의 수익과 직결되므로 금고 같은 곳에 보관하며, 증지를 다룰 수 있는 사람도 매우 한정되어 있다.

그러므로 증지의 분출은 정해진 기준과 프로세스에 따라서 진행되어야 한다. 회사마다 증지 신청서 양식은 다르지만, 일반적으로 다음과 같은 내용을 포함하고 있다.

〈증지 신청서의 내용〉

- 계약한 라이선시
- 증지 신청서 제출일
- 디자인 승인 번호(필요시)
- 제품명
- 소비자 가격(세금 별도 여부 표기)
- 출고가(세금 별도)
- 로열티 기준가: 일반적으로 출고가와 동일
- 로열티율
- 증지 신청 수량
- 금번 발생한 로열티
- 누적 로열티
- 생산 예정일
- 증지 수령처 정보(담당자, 주소, 연락처 등): 라이선스 담당자와 다를 경우. 증지 부착 작업을 외부 공장에서 진행하는 경우 해당 공장에 직접 증지를 보내는 사례도 있으므로 증지 수령처가 꼭 필요하다.

그림 3-3은 증지 신청서의 예다. 각 회사에 맞게 고쳐서 사용하면 된다. 특히 로열티 기준가는 계약 내용에 따라 출고가 기준 혹은 소비자가 기준으로 정하고 부가가치세 포함 여부를 꼭 확인한다.

그림 3-3. 증지 신청서의 예

<table>
<tr><td colspan="5">증지 신청서
아래와 같이 증지를 신청합니다.</td></tr>
<tr><td>라이선시</td><td colspan="2">00물산</td><td>신청일</td><td>2025.1.25</td></tr>
<tr><td colspan="5">상품 정보</td></tr>
<tr><td>제품명</td><td>로열티
기준가
(세금 별도)</td><td>로열티율
(%)</td><td>증지 신청
수령</td><td>로열티 금액
(원)</td></tr>
<tr><td>1. 티셔츠</td><td>1,500</td><td>10</td><td>100</td><td>15,000</td></tr>
<tr><td>2. 바지</td><td>1,000</td><td>10</td><td>100</td><td>10,000</td></tr>
<tr><td>3. 열쇠고리</td><td>500</td><td>10</td><td>100</td><td>5,000</td></tr>
<tr><td colspan="2">계(세금 별도)</td><td></td><td>300</td><td>30,000</td></tr>
<tr><td colspan="2">이전 로열티 잔액(세금 별도)</td><td colspan="3">50,000원</td></tr>
<tr><td colspan="2">금번 로열티 잔액(세금 별도)</td><td colspan="3">30,000원</td></tr>
<tr><td rowspan="2">증지 관리자</td><td>박00</td><td>이메일</td><td colspan="2">mail@mail.com</td></tr>
<tr><td>010-000-0000</td><td>수령 주소</td><td colspan="2">경기도 00시 00공장</td></tr>
<tr><td>세금 계산서 담당자</td><td colspan="2">김00</td><td>전화</td><td>010-000-0000</td></tr>
<tr><td colspan="5">㈜00 라이선서 귀하</td></tr>
</table>

* 로열티 기준가는 계약에 따라 소비자가 혹은 출고가

그림 3-3의 증지 신청서를 라이선시가 라이선서에게 보내면, 라이선서는 신청서에 적힌 증지의 수를 확인한 뒤 라이선시에게 증지를 발송한다. 이런 행위는 신청서에 명시된 수량만큼의 생산을 허가한다는 의미다.

7. 부가가치세 포함, 제외? 라이선스 계약서의 숨겨진 함정

실무에서는 로열티 계산을 하는 과정에서 라이선서와 라이선시가 부가가치세 문제로 다투는 경우가 종종 발생한다. 다음 사례를 바탕으로 로열티의 부가가치세 문제를 살펴보자.

라이선서와 라이선시가 가방의 출고가 기준 5%로 로열티를 지급하기로 계약했다. 계약서에는 '로열티는 출고가 5%(부가가치세 제외)'로 명시되어 있다.

이 계약 조건에서, 소비자가 10,000원짜리 가방을 제작했다고 가정하자. 가방의 출고가(부가가치세 포함가)를 5,000원이라고 한다면, 라이선서는 5,000원의 5%인 250원을 로열티로 산정하고, 여기에 부가가치세를 더해 총 275원(공급가 250원 + 부가가치세 25원)을 요구할 것이다. 하지만 라이선시는 250원이 부가가치세 포함 가격이라고 주장하며 '공급가 227원 + 부가가치세 23원 = 총 250원'으로 청구해 달라고 요청하는 문제가 발생한다.

이 문제의 핵심은 로열티 금액에 부가가치세가 포함된 금액인지 제외된 금액인지가 계약서에서 명확히 규정되어 있지 않다는 점이다. 사실, 계약서에 '(부가가치세 제외)'라고 명시하는 것은 크게 필요하지 않다. 로열티 기준가(여기서는 출고가)가 부가가치세를 포함하고 있으면, 로열티도 부가가치세를 포함한 금액으로 계산된다. 기준가에 부가가치세가 제외되어 있으면, 로열티 금액도 부가가치세가 제외된 금액으로 계산되는 것이 자연스럽기 때문이다.

이를 기준으로 부가가치세 포함과 제외의 두 가지 경우를 비교해 보면 다음과 같다.

① 부가가치세 제외 계산 예시

소비자가(부가가치세 제외): 9,091원

출고가(부가가치세 제외): 4,545원

라이선스 기준가(부가가치세 제외): 4,545원

로열티율: 5%

로열티(부가가치세 제외): 4,545원 × 5% = 227원

② 부가가치세 포함 계산 예시

소비자가(부가가치세 포함): 10,000원

출고가(부가가치세 포함): 5,000원

라이선스 기준가(부가가치세 포함): 5,000원

로열티율: 5%

로열티(부가가치세 포함): 5,000원 × 5% = 250원

결국, 부가가치세가 포함된 금액으로 계산한 250원과, 부가가치세 별도로 계산한 227원은 실질적으로 동일한 금액의 로열티를 의미한다. 따라서 양측이 혼동을 피하기 위해 계약서에 다음과 같이 명확한 예시를 추가하는 것이 좋다.

(예시 계약서 문구)

- 로열티율: 출고가 대비 5%
- 예시: 소비자가(부가가치세 포함) 10,000원 상품의 경우, 출고가가 5,000원(부가가치세 포함)일 때, 이 출고가를 라이선스 기준가로 설정하고, 로열티율 5%를 곱하여 최종 로열티는 250원(부가가치세 포함) 혹은 227원(부가가치세 별도)으로 산정한다.

계약서 작성 시 관행적으로 '부가가치세 제외'라고 넣는 경우가 많은데, 이 부분은 추후 오해의 소지가 생길 수 있으므로 꼭 바른 방식으로 바꿔야 한다. 이와 같은 구체적

인 예시가 계약서에 포함되면, 라이선서와 라이선시 간에 발생할 수 있는 오해를 방지할 수 있다.

8. 상품 및 유통의 분류

라이선스 대상의 상품은 이론적으로 이 세상의 모든 유형 · 무형의 팔 수 있는 상품이 될 수 있다. 상품을 분류하는 이유는 라이선서가 자신의 IP를 되도록 세분화해 판매해야 하기 때문이다.

만일 양말을 계약한다고 가정해 보자. 양말은 언뜻 매우 단순한 상품처럼 보일 수 있으나, 유아용 양말, 어린이용 양말, 성인용 양말 등 연령에 따라 분류할 있고, 성별에 따라서도 다르다. 또한 사용 목적에 따라 양말의 성격이 달라질 수도 있다. 예컨대 크리스마스트리에 걸어 놓는 양말은 사실 양말인가, 장식품(파티용품)인가? 골프 의류로 계약했을 때 원피스는 골프 의류에 속하는가, 그렇지 않은가?

이처럼 상품 분류에 따른 문제는 실무에서 매우 자주 발생한다. 그래서 훌륭한 라이선서는 계약서에 다음과 같이 품명을 구체적으로 명시하여 계약을 체결한다.

(계약 품목)

- 상품명: 양말
- 대상 나이: 3~5세 여아
- 용도: 일반적으로 인체의 발을 보호하기 위해 사용 (양말 사진 첨부)

상품의 대표적인 상품의 분류 방식은 표 3-4와 같다.

물론 이에 그치지 않고 표 3-4의 분류군 안에도 또 다양한 상품이 있을 것이다. 유통망에도 많은 종류가 있다.

일반적으로 유통을 한정 짓는 이유는 대형 유통사 간의 입점 경쟁 때문이다. 예를 들어, A마트에 입점한 상품은 B마트에는 입점하지 못한다. 즉, 그 회사는 A사 혹은 B사 두 곳 중 한 곳밖에 유통을 못 하는 것이다. 라이선서는 자신의 IP가 많은 곳에 들어가서 판매되기를 바라지만, 라이선시에 한국 내 모든 유통망을 허가해 주면 상품이 있어도 입점하지 못하는 상황이 발생하기 마련이다.

뿐만 아니라 지역적인 제약도 존재할 수 있다. 일반적이지는 않지만 특정 업계에서는 관행적으로 대전 이남 지역으로는 진출하지 못하는 상품들이 있다. 이 경우 대전 이남을 포함해서 계약하는 것은 쓸모없는 계약 슬롯(slot: 계약 당사자 간에 합의된 특정 권리나 자원을 사용할 수 있는 공간 또는 시간)을 허비하는 것이다. 이럴 때는 양해를

표 3-4. 라이선스 대상 상품의 일반적인 분류 방식

카테고리	세부 상품군
완구	인형, 로봇, 기타 완구(액션 피규어, 퍼즐 등)
문구 / 팬시	필기구(펜, 연필 등), 다이어리, 노트, 스티커, 포스터, 기타 팬시상품
패션 / 의류 / 잡화	의류(티셔츠, 스웨터, 모자 등), 잡화(가방, 신발, 액세서리), 패션 컬래버레이션 아이템
미용 / 뷰티 용품	화장품(립스틱, 마스크 팩 등), 미용 기기(헤어드라이어, 마사지기 등), 뷰티 소품(메이크업 브러시, 파우치)
스포츠 / 레저 / 자동차 용품	스포츠 용품(운동복, 축구공, 배드민턴 등), 레저 용품(캠핑 장비, 자전거 등), 자동차 액세서리(차량용 쿠션, 키체인 등)
가정 / 생활용품	주방용품(컵, 접시, 수저 등), 인테리어 소품(쿠션, 담요, 캔들), 청소용품 및 수납 제품
식품 / 음료 / 의약품	간식 및 스낵(초콜릿, 과자 등), 음료(커피, 주스), 건강 보조제 및 의약품(비타민, 영양제)
취미 용품 / 게임 / 오락	비디오 게임, 콘솔, 보드게임, 카드 게임, 취미 관련 용품(레고, DIY 세트 등)
출산 / 유아동 용품	유아용 의류 및 액세서리, 장난감, 유모차, 육아 관련 제품(기저귀, 젖병 등)
도서 / 음반 / DVD	도서(아트북, 소설 등), 음반(사운드트랙, 앨범), DVD 및 블루레이(애니메이션, 영화)
가전 / 디지털 제품	전자 제품(스피커, 헤드폰 등), 스마트폰 액세서리(케이스, 충전기), 노트북, 태블릿 관련 상품
인터넷 / 모바일 콘텐츠	이모티콘, 스티커, 모바일 앱(게임, 서비스), 가상 아이템 및 디지털 콘텐츠

표 3-5. 캐릭터 상품의 유통망 분류

오프라인	백화점	롯데 · 신세계 · 현대백화점 등
	대형 마트	이마트, 홈플러스, 코스트코 등
	일반 문구점	학교 주변 및 동네 문구점
	대형 완구점	토이저러스, 하이마트 등
	캐릭터 플래그십 스토어	카카오프렌즈, 라인프렌즈 등 브랜드 직영 매장
	서점	교보문고, 영풍문고 등
	인형 뽑기	인형 뽑기 기계 설치점(게임센터, 오락실, 영화관 등)
	재래시장 / 가판대 / 편의점	전통 시장 및 길거리 가판대, CU, GS25 등 편의점
	전시회 / 박람회	캐릭터 전시회, 박람회(서울 캐릭터 페어, 라이선싱 엑스포 등)
	뷰티 / 헬스 판매점	올리브영, 랄라블라, 롭스 등
온라인	인터넷 종합 쇼핑몰	쿠팡, 11번가, G마켓, 옥션 등
	온라인 서점	예스24, 알라딘 등
	웹툰 플랫폼 쇼핑몰	네이버 웹툰, 카카오페이지 등에서 운영하는 쇼핑몰
	캐릭터 전문 온라인숍	캐릭터 공식 온라인 스토어(카카오프렌즈, 라인프렌즈 등)
	온라인 커뮤니티	네이버 카페, 온라인 팬 커뮤니티 등 커뮤니티 기반의 소규모 상점

구하고, 동일 상품을 제조하는 타사와 나머지 유통 계약을 체결해야 한다.

그러므로 라이선서는 제품의 분류와 유통망을 최대한 잘게 잘라서 계약하려 하고 반대로 라이선시는 최대한 넓게 계약하고자 한다.

04
캐릭터 사업과 마케팅 전략

캐릭터 비즈니스의 성공을 위한 구체적인 전략과 실행 방안을 소개한다. 캐릭터의 일관된 아이덴티티를 유지하기 위한 스타일 가이드와 매뉴얼의 차이점을 설명하고, 효율적인 디자인 승인 프로세스를 제시한다. 성공적인 상품 제작을 위한 전문가의 조언과 함께 팝업 스토어에서 인기 있는 상품 20가지를 소개한다.

또한 IP 매니저의 핵심 역할과 필요 역량, 성공적인 캐릭터의 10가지 조건을 분석하고, 신진 작가들을 위한 에이전시 계약 팁과 소셜 미디어 전략을 제공한다.

효과적인 라이선스 제안서 작성법, 스타트업으로서의 캐릭터 비즈니스 운영 방안, 그리고 전통적 라이선싱과 컬래버레이션의 차이점을 탐구하여 캐릭터 사업의 종합적인 마케팅 로드맵을 제시한다.

1. 스타일 가이드, 캐릭터 매뉴얼?

1) 스타일 가이드의 필요성

캐릭터 사업에서 스타일 가이드는 필수적인 문서다. 캐릭터가 다양한 상품, 미디어, 마케팅 등에 활용될 때 일관성을 유지해야 브랜드 인지도가 높아지고 고객의 신뢰를 얻을 수 있다. 스타일 가이드는 캐릭터의 디자인, 색상, 표정, 포즈, 사용 제한 사항 등을 정리한 기준서로, 내부 디자이너뿐만 아니라 라이선스 계약을 맺은 외부 업체에서도 동일한 가이드라인을 따를 수 있도록 돕는다.

스타일 가이드가 없으면 캐릭터가 변형되어 브랜드 정체성이 흔들릴 수 있다. 이는 소비자에게 혼란을 줄 뿐만 아니라 브랜드 가치에도 부정적인 영향을 미친다. 따라서 스타일 가이드는 캐릭터의 정체성을 보호하고, 효과적인 브랜드 확장을 가능하게 하는 필수 도구라고 할 수 있다.

2) 스타일 가이드와 캐릭터 매뉴얼의 차이점

스타일 가이드와 캐릭터 매뉴얼은 비슷한 개념이지만, 약간의 차이가 있다.

스타일 가이드는 캐릭터 디자인의 기본 원칙을 정리한 문서로, 캐릭터의 형태, 색상, 포즈, 표정, 로고 사용법, 배경 적용법 등을 포함한다. 브랜드의 일관성을 유지하고,

다양한 미디어에서 캐릭터가 올바르게 사용되도록 돕는다.

캐릭터 매뉴얼은 스타일 가이드보다 더 포괄적인 문서로, 캐릭터의 성격, 세계관, 이야기, 행동 패턴, 대사 스타일, 애니메이션 가이드라인 등을 포함한다. 캐릭터가 등장하는 콘텐츠의 설정과 방향성을 구체적으로 제공한다.

즉, 스타일 가이드는 디자인 가이드에 초점이 맞춰져 있고, 캐릭터 매뉴얼은 캐릭터의 전체적인 설정과 활용법을 포함하는 보다 확장된 개념이라고 볼 수 있다. 하지만 실무에서는 두 용어가 혼용되고 있다.

3) 스타일 가이드의 일반적인 목차

그림 4-1은 일반적인 스타일 가이드의 목차다. 스타일 가이드의 성격과 캐릭터의 용도에 따라 첨삭하여 사용한다.

4) 기타 주요 사항

만약 캐릭터가 애니메이션, 게임, 웹툰 등 여러 매체에 걸쳐 사용된다면 각 매체에 맞춘 추가적인 가이드를 포함하는 것이 좋다. 브랜드가 성장함에 따라 스타일 가이드도 지속적으로 업데이트되어야 한다. 새로운 상품군이나 디자인 변화가 있을 경우 가이드도 보완해야 한다. 또한 스타일 가이드를 외부에 제공할 때는 라이선스 계약서와 함

그림 4-1. 스타일 가이드의 일반적인 목차

(1) 캐릭터 소개
- 캐릭터 이름 및 기본 정보
- 캐릭터의 성격 및 콘셉트 설명
- 주요 특징 및 아이덴티티

(2) 기본 디자인 요소
- 캐릭터 정면, 측면, 후면 디자인
- 다양한 표정 및 감정 표현
- 포즈 및 동작 예시

(3) 색상 가이드
- 기본 색상 코드(RGB, CMYK, HEX 값 제공)
- 사용 가능한 색상 및 배경 색상 규칙
- 캐릭터와 조화로운 색상 조합

(4) 타이포그래피 및 로고
- 브랜드 로고 사용 규정
- 캐릭터와 함께 사용할 수 있는 글꼴
- 텍스트 배치 및 비율 가이드

(5) 그래픽 요소
- 배경 디자인 및 패턴 가이드
- 캐릭터와 함께 사용할 수 있는 아이콘, 엠블럼
- 특별한 효과 및 연출 방식

(6) 사용 금지 사항
- 변형 금지 사례(비율 변경, 색상 변경 등)
- 부적절한 사용 예시(왜곡, 잘못된 조합 등)
- 라이선스 및 저작권 관련 유의 사항

(7) 응용 사례
- 제품(굿즈) 적용 예시
- 광고 및 마케팅 활용법
- SNS 및 디지털 미디어 활용법

께 라이선스 계약 및 배포 규정을 전달해 무분별한 사용을 방지해야 한다.

요즘은 모든 자료를 온라인 및 디지털 형식으로 배포하므로, 라이선서가 라이선시에게도 스타일 가이드 등을 실물로 제본한 책 형태로 제공하기보다는 PDF 파일로 전달하는 경우가 대부분이다. 스타일 가이드는 항시 업데이트되는 문서인 만큼, 과도한 실물 제본은 피하는 것이 바람직하다.

스타일 가이드는 캐릭터 비즈니스에서 핵심적인 역할을 하며, 브랜드의 지속적인 성장을 돕는 중요한 문서다. 이를 철저하게 준비하면 브랜드 일관성을 유지하면서도 효과적으로 시장을 확장할 수 있다.

2. 디자인 승인 과정

캐릭터 상품 혹은 브랜드 라이선스 상품은 그 특성상 하나의 브랜드 안에서도 다양한 상품 제조사가 여러 종류의 상품을 제작하는 경우가 많다. 예를 들어, 핑크퐁과 같은 성공적인 IP의 경우 다양한 라이선스 계약을 체결하고 자체 상품을 개발해 완구, 책, 의류, 패션 소품 등 여러 제품군을 만들어 낸다.

이러한 환경에서 브랜드의 아이덴티티를 유지하는 것은 필수적이다. 동일한 브랜드라도 다양한 제조사가 각기 다른 제품을 생산하기 때문에, 제품별로 디자인 차이가 발생하면 소비자의 신뢰를 저하시킬 수 있다. 예를 들어, 핑크퐁의 몸 색깔이 핑크색이라고 하더라도, 여러 제조사에서 각기 다른 색상을 사용하면 브랜드 일관성이 깨진다. 만약 어떤 상품에서는 연한 핑크, 다른 상품에서는 진한 핑크로 표현된다면 소비자는 혼란을 느낄 수 있으며, 브랜드의 통일성이 훼손될 위험이 크다. 이런 문제를 방지하기 위해 IP 관리자나 라이선스 관리 회사는 모든 제품의 캐릭터 디자인이 일정하게 유지되도록 철저한 관리 과정을 거친다. 이런 과정에서 중요한 역할을 하는 것이 바로 '디자인 승인(design approval)'이다.

실무에서는 디자인 컨펌(design confirmation)이라고도 하는 디자인 승인은 IP 소유자나 관리자가 상품 제작 과정에서 개입할 수 있는 유일한 수단이자 필수적인 절차다. 이는 상품을 제작하는 라이선시와 IP 소유자인 라이선서 간의 원활한 커뮤니케이션을 기반으로 진행된다. 디자인 승인 과정은 단순한 디자인 승인 절차가 아니라 브랜드의 정체성을 유지하고 제품의 품질을 보장하는 중요한 단계라고 볼 수 있다.

1) 디자인 승인 프로세스

디자인 승인 과정은 일반적으로 다음과 같은 단계를 따른다.

(1) 상품 기획 및 사양 결정

라이선시가 제작하려는 상품을 기획하고 제품의 사양을 결정한다. 이 단계에서는 상품의 콘셉트, 재질, 크기, 색상 등의 세부 사항을 정리한다. 디자인 가이드라인을 기반으로 초기 디자인 방향을 설정한다.

(2) 1차 상품 디자인 제작 및 제출

라이선시는 1차 상품 디자인을 제작해 라이선서에게 전달한다. 이때, 디자인 파일은 가급적 고화질의 이미지로 제출하는 것이 바람직하다. 일반적으로 해상도가 높은 JPG, PNG 파일을 활용하지만, 필요시 벡터 파일(AI, PSD) 형식으로도 전달할 수 있다.

(3) 1차 디자인 승인

라이선서는 제출된 디자인을 검토하고 1차 디자인 승인을 진행한다. 색상, 캐릭터 형태, 로고 사용, 배치 등 세부적인 사항을 확인하고 필요시 수정을 요청한다. 라이선시는 수정된 디자인을 반영해 다시 제출한다.

(4) 샘플(시제품) 제작 및 2차 승인

디자인이 승인되면, 라이선시는 제품의 샘플(시제품)을 제작한다. 2D 디자인이 실제 3D 제품으로 구현될 때는 차이가 발생할 수 있으므로, 라이선서는 이를 다시 확인해야 한다. 샘플을 라이선서에게 전달해 2차 디자인 승인을 받는다.

(5) 양산 샘플 제작 및 검토

2차 승인이 끝나면 라이선시는 양산 샘플을 제작한다. 양산 샘플이란 실제 대량 생산에 앞서 제작되는 최종 샘플을 의미한다. 이 과정에서 색상, 마감 처리, 내구성 등을 점검하고 필요시 추가 수정이 이루어진다.

(6) 3차 디자인 승인 및 최종 승인

완제품이 시장에 출시되기 전에 마지막으로 라이선서의 검토를 받는다. 이 과정을 3차 디자인 승인이라고 하며, 제품의 최종 품질과 디자인 일관성을 확인하는 단계다. 모든 사항이 승인되면 라이선시는 제품을 공식적으로 시장에 출시할 수 있다.

2) 디자인 승인 과정에서 고려할 사항

디자인 승인 과정에서는 시장 트렌드와 제작 일정 조율을 고려해야 한다. 특히 의류와 같이 시장 트렌드에 민감한 제품은 신속한 출시가 요구된다. 이 경우, 1차 샘플을 먼저 제작해 2차 승인부터 진행하는 방식이 활용되기도 한다.

라이선서는 브랜드 가치를 유지하기 위해 철저한 디자인 관리를 원하지만, 라이선시는 제품 원가 절감과 생산 효율성을 고려해야 한다. 이에 따라 양측의 의견이 충돌하는 경우가 많으며, 이를 원활하게 조율하는 것이 중요하다.

상품의 품질 관리도 중요한 요소다. 제품의 디자인뿐만 아니라 품질까지도 일정 수준 이상으로 유지해야 한다. 브랜드를 사용하는 모든 라이선시가 일관된 품질을 유지하지 않으면 브랜드 가치가 하락할 위험이 있다.

디자인 승인 과정은 단순한 승인 절차가 아니라, 브랜드의 일관성을 유지하고 제품의 품질을 보장하는 핵심적인 절차다. 이를 통해 브랜드 가치를 보호하고 소비자의 신뢰를 유지할 수 있다. 또한 라이선서와 라이선시 간의 협력과 조율이 원활하게 이루어져야 디자인 승인 과정이 효과적으로 진행될 수 있다. 이러한 과정을 체계적으로 운영함으로써 성공적인 캐릭터 상품 시장을 구축할 수 있다.

표 4-1. 디자인 승인 시 핵심 검토 항목

과정	프로세스	검토 주안점
1. 상품 기획, 사양 결정		
2. 상품 디자인	이미지 시안 승인 미승인 시 이미지 수정	이미지 시안 승인 시 체크 항목 • 디자인 가이드를 지키고 브랜드에 맞게 디자인되었는가? • 계약 허가된 아이템인가? • 저작권 기입 및 기준 사항을 지켰는가? • 본 상품 및 포장 시안을 함께 제출했는가? • 예상 소비자가, 예상 유통처, 소재의 안정성을 표기했는가?
3. 시제품 제작	시제품 시안 승인 미승인 시 시제품 시안 수정	시제품 시안 승인 시 체크 항목 • 인쇄 색상, 인쇄 이미지 품질(외곽선, 인쇄 핀트)을 확인했는가? • 승인된 이미지 시안과 동일한가?
4. 완제품 제작 포장, 증지 부착	출시 전 완제품 승인 미승인 시 수정	완제품 시안 승인 시 체크 항목 • 승인된 시제품 시안과 동일한가? • 소비자가 및 로열티가 정확한가? • 생산 완료일, 국내 출시일을 확인했는가? • 유통처 정보가 명시되어 있는가?
5. 상품 출시 및 판매		

3. 상품 제작 조언

작가 입장에서는 업체를 통한 상품 제작이 만족스럽지 않은 경우도 있다. 또한 자신의 브랜드가 인지도가 없어 라이선스 계약이 어려울 때, 직접 상품을 제작하는 예도 많다. 우선 상품을 직접 제작해 판매하고 이를 통해 자신의 IP에 적합한 메인 타깃층을 파악하고 인지도를 높일 수 있다면, 이후에는 그 데이터를 바탕으로 라이선시를 설득하는 일이 수월할 것이다. 이에 따라 직접 상품을 제작하는 방법에 대해 설명하고자 한다. 여기서는 대표적인 상품인 봉제 인형을 예로 들어 설명한다.

1) 샘플 제작

캐릭터 인형 제작을 위해서는 먼저 디자인을 최종적으로 확정해야 한다. 인형의 크기, 소재, 표정, 포즈 등을 상세하게 정의해 명확한 기준을 마련한다. 보다 정확한 시각화를 위해 3D 모델링을 진행하는 것이 좋으며, 이를 통해 실제 인형과의 차이를 최소화할 수 있다. 모델링이 어려울 경우 전후좌우에서 본 모양의 '턴어라운드' 그림이 필수적이다.

완성된 디자인 시안을 바탕으로 샘플 제작을 의뢰하게 되는데, 국내 샘플 제작업체나 중국 현지 공장에 직접 의뢰할 수 있다. 다만 봉제 샘플의 경우 5회 이상 수정하는 경우도 있어 되도록 국내 샘플 제작업체를 이용하는 것이 유리하다. 샘플 제작업체는 인터넷 검색을 통해 쉽게 찾을 수 있으며, 자신의 요구가 충분히 반영될 수 있도록 업체를 여러 차례 방문하고 적극적으로 의견을 전달해야 한다. 제작된 샘플은 꼼꼼히 검수해 디자인과 품질이 원하는 수준인지 확인해야 하며, 이 과정에서 디자인 수정이 발생하면 추가 비용이 들 수 있으므로 최대한 완벽한 디자인을 준비하는 것이 중요하다.

2) 제작사 찾기

인형 제작사를 찾기 위해 온라인 플랫폼을 활용하는 것이 효과적이다. 알리바바, 글로벌 소싱 등의 플랫폼을 이용하면 다양한 제작사를 검색하고 비교할 수 있으며, 특히 중국 본토의 공장을 직접 찾는 것이 비용 절감에 유리하다. 홍콩에 소재한 회사들은 대부분 중국 내 공장의 에이전시 역할을 하므로 추가 비용이 발생할 가능성이 크다. 기존에 인형 제작 경험이 있는 지인이나 관련 커뮤니티를 통해 신뢰할 수 있는 제작사를 추천받는 것도 좋은 방법이다. 가능하다면 직접 중국 공장을 방문해 시설과 제작 과정을 확인하는 것이 중요하다. 일부 업체는 자체 공장 없이 중개만 하는 경우도 있으므로 공장의 실체를 반드시 확인해야 한다. 일반적으로 같은 지역에 유사한 공장이 몰려 있으므로 현지 방문 시 5~10개의 공장을 미리 선정해 한꺼번에 방문하는 것이 효율적이다.

제작사를 선택할 때는 단순히 저렴한 가격만을 기준으로 하지 말고, 제작 경험, 품질 관리 시스템, 커뮤니케이션 능력 등을 종합적으로 고려해 신뢰할 수 있는 업체를 선정하는 것이 중요하다.

3) 공장 미팅

샘플을 제시할 때는 확정된 샘플을 제시하고, 디자인에 대해 상세히 설명해야 한다. 샘플은 국내에서 완벽하게 제작해 가져가는 것이 중요하며, 샘플 퀄리티의 80% 정도가 양산형 제품의 최대 퀄리티라고 생각하는 것이 좋다. 이후에는 원하는 생산 수량과 납기를 명확히 전달해야 하며, 단가는 협상 과정에서 적정 가격을 정해야 한다.

가격이 지나치게 낮으면 문제가 발생할 수 있는데, 봉제 제품의 경우 자동 제작 기계를 사용하므로 바늘이 제품 안에 남아 있는 일이 많다. 출고 전 X-Ray 검사와 자석을 통해 바늘을 제거하지만, 단가가 너무 낮으면 이런 검수 과정이 생략되거나 줄어들 수 있다. 이를 통해 만약 바늘이 제품 속에서 발견된다면 큰 문제가 될 수 있음을 인식해야 한다.

단가 협상 후, 계약서를 작성해 계약 내용을 상세히 기재하고 양측이 서명해야 한다. 계약서에는 디자인 저작권, 샘플 비용, 생산 일정, 품질 기준, 지불 조건 등 모든 내용을 명확하게 명시하는 것이 필수적이다. 수입 시에는 물류비 조건으로 Ex-works 조건으로 계약하는 것이 유리하다. 이 조건은 공장에서 출고되는 순간부터 내 창고까지의 모든 비용과 물류비를 구매자가 부담한다는 뜻이다. 공장에서 물류비를 따로 청구하는 경우를 막을 수 있으며, 국내 업체와 교섭을 통해 금액을 조정할 수 있어 효율적이다. Ex-works, FOB(Free On Board: 판매자가 선적항에서 배에 제품을 싣는 순간까지의 모든 비용과 위험을 부담하고, 그 이후부터는 구매자가 책임지는 조건), CIF(Cost, Insurance and Freight: 판매자가 구매국 항구까지의 운임과 보험료를 부담하는 조건) 등의 무역 규정 조건(incoterms)에 대한 기초 지식을 미리 학습해 두는 것이 좋다.

4) 제작 및 QC

생산은 계약 내용에 따라 시작된다. 제작 과정 중에는 중간 검수를 통해 수시로 샘플을 받아 검토하고, 필요시 수정 요청을 한다. 가능하면 중간 검수 시 공장을 방문하는 것이 좋으며, 온종일 내 상품만을 제작하는 것은 아니므로 미리 일정을 확인하고 방문 계획을 세운다. 최종적으로 완성된 제품에 대한 검수, 즉 QC(Quality Control) 과정을 진행한다. QC 과정에서 불량품이 발견될 경우, 교환 또는 환불을 요구할 수 있는 조항을 계약서에 명시해 두어야 한다. 또한 봉제 인형과 같은 다량의 상품은 안전도 검사 대상이므로, 한국으로 수입할 때는 관세청에 안전도 검사 결과를 제출해야 한다. 이를 위해 양산 샘플을 미리 받아 안전도 검사를 진행하는 것이 필요하다.

5) 수입

수입 절차는 일반적으로 '포워더(복합 운송 주선업자)'라는 수입 물류 전문 회사를 통해 진행된다. 인터넷 검색을 통해 포워더를 선택하고 물류비 견적을 미리 받는 것이 좋다. 수입 과정에서는 수입 신고, 관세 납부 등 필요한 모든 절차를 진행해야 한다. 제작된 인형은 이후 국내로 운송된다. 수입 과정에서 발생할 수 있는 관세, 부가가치세 등의 비용을 예상하고, 관련 법규를 숙지하는 것이 중요하다.

예를 들어, 순수 인형 대금이 100만 원일 경우, 중국 내 운송비 및 상차비, 중국 부두 작업비, 해상 물류비, 각종 보험료, 한국 부두 작업비, 한국 수입 시 관세 · 부가가치세, 부두세 등 기타 비용, 한국 내 내륙 운송비 등이 발생할 수 있다. 이 모든 비용을 합하면 약 20만 원에서 50만 원 정도가 추가로 더 들 수 있다. 물론 이는 일반적인 경우이며, 상품의 부피나 포장 상태에 따라 변동이 있을 수 있다.

6) 입고

국내에 도착한 인형은 입고 후 다시 한번 검수해 불량품이 없는지 확인해야 한다. 이후 입고된 인형은 안전하게 보관하며, 필요에 따라 판매하거나 배송한다. 입고된 인형의 수량과 품질을 정확하게 확인하는 것이 중요하며, 재고 관리 시스템을 구축해 효율적으로 관리해야 한다. 이를 통해 재고를 체계적으로 관리하고, 불량품이나 부족한 수량 등을 미리 파악할 수 있다.

4. 캐릭터 팝업 스토어 단골 상품 20선

캐릭터 팝업 시대의 전성기다. 하루에도 몇 개씩 팝업 스토어가 생기고 있다. 팝업 스토어 진행 시 꼭 포함하면 좋을 상품 20가지를 추려 보았다. 물론 지역이나 대상에 따라 상품 구성은 달라질 수 있다. 하지만 높은 판매율을 보이는 핵심 상품과 이들의 제작 시 유의 사항을 정리해 보았다.

1) 인형/쿠션류

(1) 인형(30cm 내외)

인형은 브랜드의 대표 캐릭터로 매장 분위기를 조성하는 데 적합하다. 특히 소비자들이 행사장에서 사진을 찍는 포토 존을 꾸미는 데도 사용할 수 있다. 포토 존을 꾸미는 데는 FRP(Fiber Reinforced Plastic, 유리 섬유 강화 플라스틱) 조형물로 만드는 것이 이상적이지만, 가성비를 고려하면 작은 FRP 몇 개나 봉제 인형 몇 개를 사용하는 것이 운송 면이나 비용 면에서 더 유리하다. 또한 침실, 소파 등에서 인테리어 소품으로 활용할 수 있으며, 선물용으로도 인기가 많다.

제작 시 주의해야 할 점은 MOQ(Minimum Order Quantity, 최소 제작 수량)가 높아, 제작 수량이 많을수록 가격이 내려간다는 것이다. 또한 봉제 품질 관리가 중요하다. 박음질 강도와 솜 뭉침 현상 방지를 철저히 해야 하며, QC 과정을 잘 관리해야 한다. 대량 주문의 경우, 반드시 중국이나 베트남 등 해외 공장에서 선적 전에 눈으로 확인해야 한다. 봉제 과정에서 바늘이 제거되지 않고 제품 속에 남아 있는 경우도 발생할 수 있기 때문이다.

안전성 검사는 필수이며, 특히 유아용 안전 기준이 적용된다. 안전도 검사 필수 상품은 비용과 시간이 더 소요

되므로, 팝업 일정 전에 제작 완료와 안전도 검사 결과를 확인하는 것이 중요하다. 또한 세탁 편의성을 고려한 원단 선택, 자수 위치와 크기의 정확성, 쿠션감과 탄성 유지를 위한 솜 선택, 원단 마찰 견뢰도 테스트(이염도 체크) 등 여러 요건을 충족해야 한다. 이런 모든 요소를 반영하면, 겉보기에는 비슷해 보이지만 퀄리티에서 큰 차이가 나는 상품이 된다.

(2) 미니 인형(15cm 내외)

미니 인형은 가방 고리나 키링으로 활용되며, 시리즈물로 제작해 소비자의 수집 욕구를 자극할 수 있다. 캐릭터의 다양한 표정이나 포즈를 연출할 수 있어 저가 입문 상품으로 적합하다.

제작 시 주의해야 할 점은 부자재(고리, 링)의 견고성을 확인하는 것이다. 가장 많은 불만 사항은 부자재가 쉽게 떨어지는 경우인데, 이를 방지하기 위해 반드시 부자재의 견고성을 철저히 점검해야 한다. 또한 크기에 비해 캐릭터의 디테일 구현이 중요하다. 작은 사이즈에서도 캐릭터성을 유지할 수 있도록 디자인해야 한다.

미니어처 봉제 기술이 요구되며, 장식 부자재의 탈락 방지와 휴대성을 고려한 무게 조절도 중요한 요소다. 작은 크기지만 견고하고 세밀한 품질을 유지하는 것이 이 상품을 성공적으로 제작하는 핵심이다.

(3) 목베개

목베개는 실용성과 캐릭터성을 결합한 제품으로, 여행용품으로 활용도가 높다. 또한 사계절 사용 가능한 아이템이며, 차량용 인테리어 소품으로도 활용할 수 있다.

제작 시 주의해야 할 점은 목 부분의 쿠션감을 최적화하는 것이다. 사용자의 편안함을 고려한 설계가 중요하며, 위생을 위해 커버를 탈부착할 수 있도록 설계해야 한다. 피부와 접촉이 많은 제품이므로, 원단의 안전성도 중요한 요소다. 또한 세탁 후 변형 방지를 위해 통기성이 좋은 원단을 사용하고, 알레르기 반응을 고려한 소재 선택이 필요하다. 이를 통해 제품의 기능성과 안전성을 동시에 확보할 수 있다.

2) 문구류

(1) 다이어리/플래너

다이어리나 플래너는 실용성이 높은 아이템으로, 시즌별 디자인 변경이 용이하며 캐릭터 일러스트로 포인트를 줄 수 있다. 다양한 연령층을 타깃으로 할 수 있으며, 시리즈물로 제작할 경우 수집 가치가 높아진다.

제작 시 주의할 점은 제본 품질 관리다. 본드 제본이 잘못되면 낱장이 떨어질 수 있기 때문에 제본 과정에서의 품질 관리가 중요하다. 종이 재질 선택도 매우 중요하며, 필기감을 고려한 용지를 사용하는 것이 좋다. 이를 위해 필기감 테스트를 진행해 불만 사항을 사전에 방지해야 한다. 또한 내구성 있는 커버 소재를 사용하고, 실용적인 내지 구성을 고려해야 한다. 캐릭터의 적절한 배치 역시 중요한 요소로, 상품의 전체적인 퀄리티를 높이는 데 중요한 역할을 한다.

(2) 스티커 세트

스티커 세트는 저가 입문 상품으로 구매율이 높다. 다양한 사이즈와 디자인 구성이 가능하고, 실용적인 사용도와 수집 가치를 갖추며, 시즌별 한정판으로 운영할 수 있어 특색을 더할 수 있다. 또한 SNS 공유 콘텐츠로도 활용도가 높아 마케팅 효과가 크다.

제작 시 주의할 점은 접착력 품질 관리다. 본드를 아낄 경우 잘 붙지 않는 문제가 발생할 수 있으며, 이런 경우 전량 폐기해야 하는 상황이 발생할 수도 있다. 또한 인쇄 선명도 체크가 중요하며, 재부착 가능 여부를 미리 결정해야 한다. 커팅 정확도 또한 중요하며, 보관과 운반 시 접착 면 보호가 필요하다. 디자인에 적합한 사이즈 선정도 중요한 요소로, 상품의 전체 품질에 영향을 미친다.

(3) 노트/메모 패드

노트나 메모 패드는 실용성이 높고 다양한 디자인 전개가 가능한 아이템이다. 학생층과 직장인층 모두를 타깃으로 할 수 있으며, 크기별로 다양한 라인업을 구성할 수 있다. 캐릭터를 활용한 디자인이 가능해 가격대별 상품 구성이 용이하다.

제작 시 주의할 점은 제본 상태와 품질 관리다. 종이의 무게와 두께는 최적화해야 하며, 표지 디자인의 내구성도 중요하다. 필기감 테스트는 필수적으로 진행하고, 잉크 번짐 테스트도 체크해야 한다. 또한 적정한 페이지 수 설정이 필요하다. 이런 요소를 종합적으로 고려하면 제품의 품질을 높이고, 고객의 만족도를 높일 수 있다.

3) 패션 소품

(1) 에코백

에코백은 실용성과 홍보 효과를 동시에 달성할 수 있는 아이템이다. 다양한 사이즈와 디자인 전개가 가능하며, 환경친화적 이미지를 부각할 수 있다. 일상생활에서 높은 노출도를 자랑하고, 시즌별 한정판 운영이 가능해 특별함을 더

할 수 있다.

제작 시 주의할 점은 봉제 강도 관리와 프린팅 내구성 테스트다. 세탁 후 변형 검사와 적정 무게 하중 테스트도 필수적으로 진행해야 한다. 끈 길이와 강도를 최적화해 사용 중 불편함이 없도록 해야 하며, 내부 포켓 구성도 반영해 실용성을 높여야 한다. 이 모든 요소를 종합적으로 고려하면 제품의 품질을 보장하고, 소비자에게 신뢰를 줄 수 있다.

(2) 폰 케이스

폰 케이스는 실용성이 높고 노출도가 뛰어난 대신 다양한 기종에 대응할 수 있어야 한다. 트렌디한 디자인을 적용할 수 있으며, 시즌별로 디자인을 교체하기도 용이하다. 또한 보호력과 디자인성을 동시에 만족시킬 수 있는 아이템이다.

제작 시 주의할 점은 기종별 정확한 사이즈 관리다. 핸드폰은 지속적으로 새로운 기종이 출시되기 때문에, 재고가 남지 않도록 적정량과 대표 기종만 만들어야 한다. 핸드폰 케이스는 재고 관리가 가장 골치 아픈 부분이므로 이 점을 반드시 고려해야 한다. 인쇄 및 프린팅 품질 관리와 낙하 충격 테스트도 중요하다. 버튼 위치와 카메라 홀의 정확도, 케이스 두께 최적화, 그립감을 고려한 소재 선택도 필수적으로 진행해야 한다. 이 모든 요소를 종합적으로 고려하면 제품의 품질을 높이고, 소비자에게 만족감을 줄 수 있다.

(3) 양말

양말은 캐주얼하고 귀여운 디자인이 특징으로, 선물용으로 적합하다. 시즌별로 디자인 변경이 용이하며, 세트 구성으로 판매하면 매출 증가에 도움이 될 수 있다. 또한 다양한 길이와 디자인으로 제작할 수 있어 소비자 선택의 폭이 넓다.

제작 시 주의할 점은 사이즈 다양화가 필수라는 것이다. 고객의 다양한 요구를 충족하기 위해 여러 사이즈 옵션을 제공해야 한다. 또한 세탁 후 변형 테스트와 신축성 및 내구성 검사도 중요하다. 발바닥 미끄럼 방지 처리를 통해 안전성을 높여야 하며, 통기성을 고려한 소재 선택도 필수적이다. 착용감 테스트를 통해 제품이 편안하게 착용될 수 있도록 설계해야 한다. 이 모든 요소를 고려하면 소비자 만족도를 높일 수 있다.

4) 리빙 용품

(1) 머그 컵

머그 컵은 실용성이 높은 베스트셀러로, 집들이나 선물용으로 인기가 많다. 다양한 용량과 디자인으로 세트 구성이 가능하며, 시즌 한정판으로 운영하기에 적합하다.

제작 시 주의할 점은 식기 안전성 검사와 전자레인지 사용 테스트를 통해 안전성을 확보하는 것이다. 세척 내구성도 확인해야 하며, 손잡이의 견고성 테스트를 통해 사용 중 문제가 발생하지 않도록 해야 한다. 또한 프린팅과 코팅의 내구성을 체크하고, 포장 안전성도 고려해 상품이 손상 없이 소비자에게 전달될 수 있도록 해야 한다. 이 모든 요소를 철저히 점검해 품질 높은 제품을 제공할 수 있도록 한다.

(2) 텀블러

텀블러는 환경 친화적 이미지를 강조하면서도 실용성과 디자인성을 모두 갖춘 제품이다. 다양한 용량 라인업을 제공하며, 보온 · 보냉 기능과 휴대성을 고려한 디자인으로 많은 소비자에게 인기를 끌 수 있다.

제작 시 주의할 점은 첫째, 누수 테스트를 철저히 진행하는 것이다. 실제로 물이 새는 텀블러가 발생하는 사례가 있으므로 이를 꼭 확인해야 한다. 둘째, 내열 · 내한 성능 검사를 통해 온도 변화에 대한 내구성을 점검하고, 세척의 용이성을 고려해야 한다. 보온 · 보냉 성능 테스트도 필수적이며, 뚜껑 결합 견고성과 외부 코팅 내구성도 중요한 요소다. 이러한 과정을 거치면 고품질의 제품을 소비자에게 제공할 수 있다.

(3) 접시/식기 세트

접시나 식기 세트는 홈 카페 트렌드를 반영한 제품으로, 세트 구성으로 높은 단가를 형성할 수 있어 선물용으로 적합하다. 실용성과 장식성을 겸비한 디자인으로, 시리즈 구성을 통해 제품의 다양성과 매력을 더할 수 있다.

제작 시 주의할 점은 첫째, 식기 안전성 인증을 받아야 한다는 것이다. 소비자가 안전하게 사용할 수 있도록 관련 인증을 확보하는 것이 중요하다. 둘째, 세척 내구성 테스트를 통해 반복적인 세척에도 내구성이 유지되도록 해야 한다. 전자레인지 사용 가능 여부도 중요한 부분이므로 이를 확인하고 안내하는 것이 필요하다. 또한 적층 보관 시 안전성을 고려해 깨짐 방지를 위한 포장 설계가 필요하며, 세트 구성의 밸런스를 잘 맞춰야 제품이 균형 있게 보일 수 있다.

5) 디지털 액세서리

(1) 에어팟 케이스

에어팟 케이스는 MZ 세대를 타깃으로 한 인기 아이템으로, 높은 노출도와 다양한 모델에 대응할 수 있다. 보호 기능과 디자인성을 동시에 갖춘 제품으로, 키링이나 고리 추가 옵션을 제공해 활용도를 높일 수 있다.

제작 시 주의해야 할 점은 충전 포트 정확도와 재질 내구성 테스트다. 충전 포트가 정확하게 위치해야 하며, 제품의 내구성을 테스트해 장기간 사용해도 문제가 없도록 해야 한다. 개폐 부분 견고성과 케이스 조립 정확도도 중요하므로, 조립 시 정밀한 작업이 필요하다. 또한 낙하 충격 테스트를 통해 제품이 충격에 잘 견디는지 확인하고, 변색 방지 코팅을 통해 제품이 오랫동안 사용해도 변색되지 않도록 해야 한다.

(2) 그립톡

그립톡은 저가 기능성 상품으로, 실용성이 높고 다양한 디자인 전개가 가능하다. 휴대폰 액세서리로 필수적인 아이템이며, 선물용으로도 적합하다.

제작 시 주의해야 할 점은 접착력의 내구성이다. 접착력이 약하면 제품이 쉽게 떨어질 수 있기 때문에 접착 면의 품질을 철저히 점검해야 한다. 회전축 견고성도 중요하다. 회전축이 약하면 제품이 쉽게 고장 날 수 있으므로 견고하게 제작해야 한다. 그립감 테스트는 사용자 편의성을 위해 필수적으로 진행해야 하며, 두께 최적화와 접착면 보호도 중요한 요소다. 마지막으로, 인쇄와 코팅 품질을 확인해 디자인이 선명하고 내구성 있게 유지될 수 있도록 해야 한다.

6) 계절성 상품

(1) 부채(여름)

부채는 시즌성이 높아 회전율이 빠르고, 휴대성에 초점을 맞춘 디자인으로 광고나 홍보용으로 활용도가 크다. 또한 야외 행사에서 유용하게 사용될 수 있다. 다양한 크기와 디자인을 제공할 수 있어 선택의 폭이 넓다.

제작 시 주의해야 할 점은 접이식 내구성 테스트다. 접이식 구조가 반복적으로 사용될 때 내구성이 떨어지지 않도록 철저히 테스트해야 한다. 프린팅 품질 관리는 디자인이 선명하게 인쇄되어 브랜드 메시지가 잘 전달될 수 있도록 해야 한다. 손잡이 견고성도 중요하며, 사용자에게 안정감을 제공할 수 있어야 한다. 부챗살의 강도는 바람에 의해 쉽게 휘거나 망가지지 않도록 테스트해야 하며, 접힘 각도를 최적화해 사용자가 쉽게 펼칠 수 있도록 해야 한다. 또한 휴대 시 부피를 고려해 이동 시 불편함이 없도록 적당한 크기와 무게로 디자인해야 한다.

(2) 담요(겨울)

담요는 실용성과 디자인성이 결합된 계절 한정 상품으로, 다양한 크기 구성이 가능하고 캐릭터 활용도가 높아 선물용으로 적합하다. 특히 계절에 맞춰 한정판으로 출시하면 매력적인 상품이 된다.

제작 시 주의해야 할 점은 세탁 후 변형 테스트로, 세탁 후 제품이 형태 변형 없이 유지되도록 해야 한다. 보풀 방지 처리도 필수적으로 진행해 사용 중 보풀이 생기지 않도록 해야 한다. 원단 보온성 테스트는 겨울용 아이템이라면 특히 중요하며, 보온성이 잘 유지되는지 확인해야 한다. 피부 자극 테스트를 통해 민감한 피부를 고려해 자극을 최소화해야 한다. 염색 견뢰도 검사를 진행해 세탁 후 색이 빠지지 않도록 체크해야 하며, 봉제 품질을 세밀하게 관리해 내구성을 높이고 제품의 고급감을 유지해야 한다.

7) 화장품류

(1) 핸드크림

핸드크림은 선물용으로 매우 인기 있으며, 휴대용 사이즈로 구성되어 있어 시즌별 향을 조정하거나 세트 상품으로 구성하기에 용이하다. 일상 속 필수품으로 자리 잡을 가능성도 크다.

제작 시 주의할 점은 사용 기간 관리다. 화장품은 유통기한이 있기 때문에 재고를 잘 관리해야 한다. 화장품 안전성 검사는 반드시 진행해야 하며, 피부에 안전한 성분으로 제조해야 한다. 향 선택도 중요한데, 타깃 소비자층에 맞는 향을 신중하게 고르고, 용기 밀폐성 테스트를 통해 내용물이 새지 않도록 확인해야 한다. 알레르기 테스트는 피부에 자극을 줄 수 있는 성분이 없도록 하는 중요한 절차다. 또한 온도 변화 안정성도 고려해, 제품이 극단적인 온도 변화에도 변질되지 않도록 해야 한다.

(2) 립밤

립밤은 저가 입문 화장품으로 높은 사용 빈도를 자랑하며, 휴대성이 좋은 사이즈로 제공된다. 다양한 향과 색상 구성이 가능하고, 시즌별 한정판으로 출시할 수 있어 소비자들의 관심을 끌 수 있다.

제작 시 주의할 점은 성분 안전성 검사다. 피부에 안전한 성분을 사용해야 하며, 용기 견고성 테스트를 통해 사용 중 용기가 깨지거나 손상되지 않도록 확인해야 한다. 온도 변화 테스트를 실시해 고온이나 저온에서 제품이 변질되지 않도록 검증해야 한다. 발색력 테스트는 화장품의 색상이 일정하게 유지되는지 확인하는 중요한 단계다. 또한 알레르기 반응 검사를 통해 피부 자극이 없는지 확인하고, 사용감 테스트를 통해 소비자가 편안하게 사용할 수 있도록 해야 한다.

8) 기타

(1) 마스킹 테이프

마스킹 테이프는 문구류 수집 아이템으로 다양한 디자인을 전개할 수 있으며, 실용성과 장식성을 겸비한 저가 입문 상품이다. 시리즈물로 제작 가능해 수집 가치가 높고, 소비자들의 관심을 끌기도 좋다.

제작 시 주의할 점은 접착력 적정성 테스트다. 접착력이 충분히 강한지 확인해야 하며, 디자인 다양성 확보를 위해 여러 스타일을 개발해 소비자 선택의 폭을 넓혀야 한다. 절취선 품질 관리도 중요한데, 절취선이 깔끔하게 잘려야 사용 시 불편함이 없다. 또한 커팅 정확도가 중요한 제품이므로 정밀한 커팅이 필요하다. 보관 시 변형 방지를 위해 제품을 적절히 보관할 수 있도록 포장하고, 롤 감김 상태를 관리해 변형이 발생하지 않도록 주의해야 한다.

(2) 미니 피규어

미니 피규어는 수집 욕구 자극 아이템으로, 진열 효과가 뛰어나며 한정판 운영이 용이하고 시리즈물 제작이 가능해 고객 충성도를 높이는 데 효과적이다.

제작 시 주의할 점은 최소 제작 수량(MOQ)이 비교적 높다는 것이며, 이를 충분히 고려해 수량을 결정해야 한다. 또한 도색 품질 관리가 중요하며, 도색의 내구성과 정확성을 점검해 색상이 벗겨지거나 흠집이 생기지 않도록 해야 한다. 디테일 정확도 또한 중요한 요소로, 상품의 작은 부분까지 세심하게 신경 써야 한다. 조형물 강도 테스트를 통해 상품이 쉽게 파손되지 않도록 해야 하며, 패키지 보호력을 높여 배송 과정에서 손상되지 않도록 해야 한다. 조립 부위 견고성을 점검해 조립 시 불안정함이 없도록 하고, 도색 내구성 테스트를 통해 사용 과정에서도 색이 변형되지 않도록 확인해야 한다.

각 상품은 캐릭터의 매력을 충실히 반영해 제작해야 하며, 품질을 유지하는 동시에 소비자가 실용성을 느낄 수 있도록 해야 한다. 표 4-2는 대표 상품의 특징을 정리한 것이다.

참고로, 캐릭터 편집 숍 등 연중 캐릭터 상품을 판매하는 매장의 경우 월별 이벤트에 맞춰 주요 판매 상품을 기획·제작해 판매하는데, 이를 MD 플랜(Merchandising Plan)이라고 한다.

표 4-2. 팝업스토어 상품 20가지 특징

상품명	카테고리	주요 특징	제작 시 주의 사항	타깃층	가격대	계절성	재구매율
인형 (30cm)	인형/쿠션	브랜드 대표 상품 포토 존 활용 인테리어 소품 선물용 인기	봉제 품질 안정성 검사 세탁 편의성 자수 위치 정확도	전 연령	중고가	연중	중
미니인형 (15cm)	인형/쿠션	가방 고리/키링용 수집성 다양한 표정/포즈 입문 상품	부자재 견고성 디테일 구현 미니어처봉제 장식품 탈락 방지	10~30대	저가	연중	고
목베개	인형/쿠션	실용성 여행용품 사계절 사용 차량용 활용	쿠션감 최적화 커버 탈부착 원단 안전성 통기성	전 연령	중가	연중	저

다이어리/ 플래너	문구류	실용성 시즌별 디자인 수집 가치 다양한 연령층	제본 품질 용지 선택 커버 내구성 실용적 내지	10~40대	중가	연말/연초	연간
스티커 세트	문구류	저가 입문 다양한 구성 수집 가치 SNS 공유	접착력 인쇄 선명도 재부착성 커팅 정확도	10~20대	저가	연중	고
노트/ 메모 패드	문구류	실용성 다양한 크기 가격대별 구성 넓은 타깃층	제본 상태 종이 품질 필기감 잉크 번짐	전 연령	저가·중가	연중	고
에코백	패션 소품	실용/홍보 효과 환경 친화적 높은 노출도 한정판 가능	봉제 강도 프린팅 내구성 세탁 변형 하중 테스트	20~40대	중가	봄/여름	중

폰 케이스	패션 소품	높은 실용성 다양한 기종 트렌디함 시즌 교체	사이즈 정확도 충격 테스트 홀의 정확도 그립감	전 연령	중가	연중	고
양말	패션 소품	캐주얼 디자인 선물용 적합 시즌 변경 세트 구성	사이즈 다양화 변형 테스트 신축성 미끄럼 방지	전 연령	저가·중가	계절성	중
머그 컵	리빙 용품	실용성, 선물용 용량 다양 세트 구성	안전성 검사 내구성 확인 견고성 포장 안전성	전 연령	중가	연중	저
텀블러	리빙 용품	환경 친화적 보온·보냉 휴대성 용량 다양	누수 테스트 내열·내한성 세척 용이성 코팅 내구도	20~40대	중고가	연중	저

식기세트	리빙 용품	홈 카페용, 선물용 장식성, 시리즈 구성	안전성 인증 세척 내구성 전자레인지 사용 포장 안전성	20~40대	고가	연중	저
에어팟 케이스	디지털	MZ 세대 타깃 노출도 높음 모델 다양 보호 기능	포트 정확도 내구성, 조립 정확도 충격 테스트	10~30대	중가	연중	중
그립톡	디지털	저가 기능성 실용성 디자인 다양, 선물용	접착성 회전축 견고성 그립감 두께 최적화	10~40대	저가	연중	고
부채	계절성	시즌성 휴대성, 홍보용 야외 행사용	접이식 내구성 프린팅 품질 손잡이 견고성 부피 고려	전 연령	저가	여름	연간

담요	계절성	실용성 계절한정 선물용 캐릭터 활용	변형 테스트 보풀 방지 보온성, 피부 자극	전 연령	중가	겨울	연간
핸드크림	화장품	선물용 휴대용 사이즈 시즌 향 구성 세트 구성	안정성 검사 향 선택 밀폐성 알레르기 검사	20~40대	중가	겨울	고
립밤	화장품	입문 화장품 휴대성 향/색상 다양 한정판	성분 안정성 용기 견고성 온도 변화 알레르기 검사	10~30대	저가	겨울	고
마스킹 테이프	기타	수집성, 디자인 다양 장식성, 입문 상품	접착력 절취선 품질 커팅 정확도 변형 방지	10~30대	저가	연중	고

미니 피규어	기타	수집성, 진열 효과 한정판, 시리즈물	도색 품질 디테일 조형 강도, 조립 견고성	10~40대	중고가	연중	중

* 1) 가격대 기준

저가: 1만 원 미만 / 중가: 1~3만 원 / 중고가: 3~5만 원 / 고가: 5만 원 이상

* 2) 재구매율 기준

저: 연 1회 미만 / 중: 연 2~3회 / 고: 연 4회 이상 / 연간: 매년 1회 정도

표 4-3 .캐릭터 편집 숍의 MD Plan의 예

월	주요 이벤트	잘 팔리는 상품
1월	신년, 설날	다이어리, 캘린더, 신년 기획 세트, 세뱃돈 봉투, 럭키 박스, 캐릭터 복주머니, 새해 소망 노트, 온열 팩, 핫 팩, 머그 컵
2월	밸런타인데이	초콜릿, 초콜릿 기획 세트, 러브 테마 상품(쿠션, 인형, 카드), 하트 모양 텀블러, 꽃다발, 러브 메시지 카드, 캔디 박스
3월	화이트데이, 개학 시즌	사탕, 캔디 세트, 문구류(필통, 노트, 펜, 스티커), 캐릭터 가방, 필통 세트, 연습장, 마스킹 테이프, 떡 메모지, 젤펜
4월	봄맞이, 벚꽃 시즌	벚꽃 테마 상품(텀블러, 포스트잇, 파우치, 마스킹 테이프), 플라워 캔들, 피크닉 매트, 미니 우산, 봄 컬러 노트, 플라워 디퓨저
5월	어린이날, 어버이날	완구, 피규어, 감사 선물 세트(머그 컵, 수건 세트), 퍼즐, DIY 키트, 캐릭터 카네이션 브로치, 레터링 카드, 꽃다발, 휴대용 안마기
6월	여름 시즌 시작	여름 테마 상품(부채, 쿨링 타월, 미니 선풍기, 보냉 백), 물놀이 장난감, 스포츠 타월, 방수 스마트폰 케이스, 시원한 음료 텀블러
7월	바캉스 시즌, 초복	방수 파우치, 피크닉 매트, 아이스크림 관련 상품, 쿨링 스프레이, 물총, 휴대용 선크림, 여행용 캐리어 태그, 모기 퇴치 아이템
8월	여름 방학, 말복	선 캡, 휴대용 선풍기, 스포츠 드링크 관련 상품, 아이스 팩, 야외 스포츠 용품, 워터 보틀, 냉감 의류, 캐릭터 슬리퍼

9월	추석, 가을맞이	전통 테마 상품(한복 인형, 떡 세트, 전통 소품), 차(茶) 세트, 명절 기획 박스, 향초, 캐릭터 전통 문양 손수건, 온열 안대
10월	할로윈	할로윈 코스튬, 호박 테마 상품, 사탕 기획 세트, LED 호박 바구니, 가면, 캐릭터 헤어밴드, 할로윈 초콜릿, 스티커 타투
11월	빼빼로데이, 블랙 프라이데이	빼빼로, 스낵 세트, 할인 프로모션 상품, DIY 초콜릿 키트, 포장 박스, 핫초코 세트, 한정판 굿즈, 머플러, 장갑
12월	크리스마스, 연말	크리스마스 테마 상품(산타 모자, 양말, 쿠키 세트, 트리 장식), 크리스마스카드, 눈사람 인형, 캐릭터 담요, 루돌프 머리띠, 조명 장식

5. 캐릭터 회사에서 IP 매니저의 역할과 자질

애니메이션, 게임, 캐릭터 산업이 발전하면서 지식 재산권의 중요성이 점점 커지고 있다. 특히 캐릭터 IP는 단순한 창작물이 아니라, 브랜드화해 다양한 산업과 결합할 수 있는 중요한 자산이다. 이러한 IP를 효율적으로 관리하고 수익화하는 핵심 역할을 하는 사람이 바로 IP 매니저다. IP 매니저는 캐릭터의 가치를 극대화하고, 이를 보호하며, 라이선싱과 비즈니스 확장을 통해 지속 가능한 수익 모델을 만들어 가는 전문가다.

1) IP 매니저의 주요 역할

IP 매니저는 지식 재산권 매니저, 콘텐츠 자산 관리자, 라이선스 매니저 등으로 불리며, 캐릭터 산업에서는 캐릭터가 단순한 창작물에 머무르지 않고, 시장에서 성공적으로 자리 잡을 수 있도록 다양한 업무를 수행한다. 이를 위해 여러 분야에서 역할을 수행하는데, 주요 역할은 다음과 같다.

첫째, IP 기획 및 개발을 담당한다. 새로운 캐릭터를 기획하고 시장에 선보이기 위해서는 철저한 준비가 필요하다. IP 매니저는 소비자 선호도를 분석하고, 시장 트렌드를 반영해 캐릭터의 방향성을 설정한다. 또한 기존 IP가 지속적인 인기를 유지할 수 있도록 브랜드 아이덴티티를 관리하며, 애니메이션, 웹툰, 게임 등으로 확장할 수 있는 가능성을 모색한다.

둘째, 라이선싱 및 비즈니스 개발을 수행한다. 캐릭터 IP를 활용해 다양한 기업과 협력하며 라이선싱 사업을 진행하는 것도 IP 매니저의 중요한 역할이다. 라이선싱은 특정 기업이 캐릭터를 활용해 제품을 제작 · 판매할 수 있도록 허가를 받는 과정이다. 이를 위해 IP 매니저는 파트너사를 발굴하고, 계약을 체결하며, 라이선스 사용 기준을 관리한다. 예를 들어, 인기 캐릭터가 담긴 문구류, 의류, 식품 등의 제품이 출시되는 것은 라이선싱의 대표적인 사례다.

셋째, 지식 재산권 보호 및 관리 업무를 수행한다. 캐릭터 IP는 보호되지 않으면 쉽게 모방되거나 불법적으로 사용될 수 있다. 따라서 IP 매니저는 저작권, 상표권, 특허 등의 법적 보호 절차를 진행하며, IP 침해 사례가 발생할 경우 이를 해결하기 위한 대응책을 마련한다. 또한 계약서를 작성할 때 법률적 리스크를 최소화하고, IP 사용 범위를 명확히 정의해 분쟁을 방지하는 역할도 수행한다.

넷째, 마케팅 및 브랜딩 전략을 기획한다. 아무리 좋은 캐릭터라도 소비자들에게 충분히 알려지지 않으면 성공할 수 없다. IP 매니저는 브랜드 가치를 높이기 위해 다양한 마케팅 전략을 수립하며, SNS, 광고, 이벤트 등을 활용해 캐릭터를 적극적으로 홍보한다. 또한 글로벌 시장을 목표로 하는 경우 해외 시장 조사와 현지화 전략을 수립하는 것도 중요한 업무 중 하나다.

다섯째, 수익 모델을 개발하고 관리한다. IP를 활용한 수익 창출은 단순히 라이선싱 계약에만 국한되지 않는다. 캐릭터를 활용한 콘텐츠 제작, 팬 상품 판매, 테마파크 조성, 오프라인 행사 개최 등 다양한 수익 모델을 기획하고 운영하는 것도 IP 매니저의 역할이다. 또한 매출 데이터를 분석해 가장 효과적인 수익 창출 전략을 찾아내고, 이를 바탕으로 장기적인 비즈니스 방향을 설정한다.

2) IP 매니저에게 필요한 자질

IP 매니저가 되기 위해서는 단순한 지식 재산권 지식뿐만 아니라, 콘텐츠 산업 전반에 대한 이해와 비즈니스 감각이 필수적이다. 주요 자질은 다음과 같다.

첫째, 지식 재산권 관련 전문 지식이 필요하다. IP를 보호하고 활용하기 위해서는 저작권, 상표권, 계약법 등에 대한 이해가 필수적이다. 특히 해외 라이선싱을 진행할 경우 국제 저작권 법률을 숙지하고 있어야 한다.

둘째, 비즈니스 및 마케팅 감각이 요구된다. IP 매니저는 단순히 법률적인 업무만 수행하는 것이 아니라, 캐릭터를 활용해 어떻게 하면 더 많은 수익을 창출할 수 있을지 고민해야 한다. 이를 위해서는 시장 분석, 소비자 조사, 마케팅 기획 등의 능력이 요구된다.

셋째, 커뮤니케이션 및 협상력이 필수적이다. 라이선싱 계약을 체결할 때 기업과 협상하고, 내부 팀과 협업하며, 파트너사와 의견을 조율하는 과정에서 원활한 소통 능력과 협상력이 요구된다.

넷째, 트렌드 분석 능력과 창의성이 필요하다. 콘텐츠 산업은 새로운 흐름에 민감하게 반응해야 하는 분야이므로 최신 트렌드를 분석하고, IP를 어떤 방식으로 확장할지에 대한 창의적인 아이디어를 지속적으로 도출해야 한다.

다섯째, 법률적 사고력과 문제 해결 능력이 필요하다.

IP 분쟁이 발생할 경우 법적인 관점에서 해결책을 찾고, 기업의 손실을 최소화할 수 있도록 전략을 수립해야 하기 때문이다.

3) 결론

IP 매니저는 단순한 관리자가 아니라, 캐릭터 IP의 성장과 보호, 수익화 전략을 책임지는 핵심 전문가다. 시장 트렌드를 파악하고, 지식 재산권을 보호하며, 비즈니스 기회를 발굴하는 능력을 갖춘다면 캐릭터 IP의 성공을 이끄는 중요한 역할을 수행할 수 있을 것이다. 특히 글로벌 시장에서 IP의 가치는 더욱 커지고 있으므로, IP 매니저는 앞으로도 콘텐츠 산업에서 핵심적인 직업으로 자리 잡을 것이다.

6. 캐릭터 작가가 알아야 할 성공 캐릭터 조건 10가지

캐릭터로 사업을 하는 입장에서 보면, 어떤 작가의 캐릭터는 정말 상품화가 쉬운 경우가 있는 반면, 어느 캐릭터는 사업 담당자가 포기하는 경우도 있다. 사업 담당자도 한정된 자원을 성공 가능성이 높은 캐릭터에 쏟아야 하므로 상업화 가능성과 성공 가능성을 저울질할 수밖에 없다. 이러한 상황에서 IP 사업가가 중점적으로 살펴보는 포인트를 소개하고자 한다.

1) 간결하고 직관적인 디자인

캐릭터가 성공하려면 시각적으로 간결하고 직관적이어야 한다. 이는 소비자가 한눈에 캐릭터를 인식하고 기억할 수 있도록 하는 중요한 요소다. 복잡한 디자인은 오히려 캐릭터를 기억하기 어렵게 만들 수 있다. 캐릭터의 주요 특징을 몇 가지 선과 색상으로 표현하는 것이 좋다. 예를 들어, 헬로키티는 단순한 얼굴과 작은 리본으로 전 세계 누구나 알아볼 수 있는 캐릭터가 되었다. 또한 간결한 디자인은 다양한 매체에서 쉽게 적용할 수 있어 캐릭터의 확장성을 높인다. 간결함 속에서도 캐릭터의 개성과 매력을 표현하는 것이 핵심이다. 디자인은 시각적 일관성을 유지해야 하며, 어떤 크기나 포맷에서도 명확하게 보이도록 설계해야 한다.

내 캐릭터가 간결한 디자인인지 확인하는 방법은 캐릭터 전체를 검은색으로 칠한 뒤 캐릭터의 실루엣을 보는 것이다. 이때에도 내 캐릭터를 인지할 수 있어야 한다. 유명한 캐릭터일수록 실루엣만으로도 그 캐릭터를 알 수 있을 것이다.

2) 독창적인 아이덴티티

캐릭터 시장에서 성공하려면 반드시 독창적인 아이덴티티를 가져야 한다. 이는 단순한 외모 이상의 요소로, 캐릭터의 성격, 배경 이야기, 취향, 행동 방식 등으로 구체화된다. 예를 들어, 스누피는 귀여운 외모에 더해 상상력이 풍부한 캐릭터로 사람 주인공들보다 똑똑하게 묘사된다. 이런 캐릭터의 고유한 아이덴티티는 소비자가 감정적으로 연결될 수 있는 접점을 제공하며, 이는 캐릭터에 대한 충성도를 형성하는 데 중요한 역할을 한다. 소비자들이 캐릭터의 독특한 세계관에 빠져들고, 그 속에서 캐릭터와 공감할 수 있는 부분을 발견하게 만드는 것이 필수적이다. 독창성은 단순한 차별화가 아닌, 캐릭터가 살아 숨 쉬는 존재처럼 느껴지도록 만드는 핵심 요소다. 캐릭터는 짧은 콘텐츠 호흡 속에서 빠르게 메시지를 전달해야 하는 장르다. 선과 악이 공존하는 복합적인 캐릭터는 영화에서는 매력적일지 몰라도 캐릭터 산업에서는 불리하게 작용한다.

3) 과장된 액세서리와 시각적 차별화

디자인적으로 다른 캐릭터와의 차별성을 부각하기 위해서는 과장된 액세서리나 특정 특징을 강조하는 것도 매우 효과적이다. 예를 들어, 캐릭터가 항상 착용하는 독특한 모자, 커다란 안경, 과장된 신발 같은 디테일은 그 캐릭터

만의 독창성을 더욱 강화할 수 있다. 〈원피스〉의 '루피'는 커다란 모자가 그의 상징처럼 자리 잡았고, 피카추는 커다란 귀와 전기 스파크로 명확한 시각적 인상을 전달한다. 이러한 액세서리는 캐릭터의 개성과 특성을 직관적으로 전달하며, 기억에 오래 남도록 만들어 준다. 과장된 액세서리는 단순히 시각적인 즐거움을 제공할 뿐만 아니라, 캐릭터의 성격이나 이야기와 밀접하게 연결될 수 있도록 설계하는 것이 중요하다. 독창적인 디자인 요소는 단순한 장식이 아니라 캐릭터의 본질을 나타내는 역할을 한다.

이 세상에는 얼마나 많은 토끼와 곰 캐릭터가 있는가? 수많은 경쟁 속에서 내 토끼나 곰을 빛나게 하기 위해서는 체형이 비정상적으로 뚱뚱하거나, 어울리지 않는 큰 포크를 들고 다니는 등 과장된 요소를 활용할 수밖에 없는 것이다. 얌전한 캐릭터는 잊히기 쉽기 때문이다.

4) 다양한 적용 가능성

성공적인 캐릭터가 되기 위해서는 다양한 미디어와 제품에 쉽게 적용될 수 있어야 한다. 캐릭터가 특정 매체나 제품에만 국한된다면 성공의 범위가 제한될 수밖에 없다. 애니메이션, 만화, 게임, 이모티콘, 장난감, 의류 등 다양한 형태로 확장될 수 있는 캐릭터는 지속 가능한 비즈니스 모델을 제공한다. 예를 들어, 포켓몬은 게임 캐릭터로 시작했지만, 애니메이션, 영화, 카드 게임, 굿즈 등으로 확장되어 전 세계적으로 큰 성공을 거두었다. 따라서 캐릭터 디자인 단계에서부터 다양한 제품과 콘텐츠에 적용할 수 있는 유연성과 범용성을 고려하는 것이 중요하다. 또한 캐릭터의 각 요소가 어떤 플랫폼에서도 잘 작동하도록 설계되어야 한다.

2D였을 때는 귀여우나 3D로 변환하면 매력이 반감되는 캐릭터를 많이 봐 왔을 것이다. 캐릭터는 본질적으로 2D 세계에 존재하지만, 이를 기반으로 한 캐릭터 상품은 반드시 입체적인 3D 형태로 구현된다. 이 점을 잊지 말아야 한다. 어떤 캐릭터의 경우, 상품화를 고려하다 보면, '이런 디자인을 어떻게 상품화하라는 거지?' 하는 마음이 드는 경우도 많다.

5) 감정적 연결고리 형성

캐릭터가 성공하려면 소비자와 감정적으로 연결될 수 있어야 한다. 단순히 귀엽거나 멋진 캐릭터가 아니라, 소비자들이 캐릭터를 통해 자신의 감정이나 경험을 투영할 수 있어야 한다. 예를 들어, 애니메이션 영화 〈이웃집 토토로〉의 토토로는 단순히 귀여운 외모가 아니라, 자연과의 교감과 어린 시절의 순수한 감정을 상징하는 캐릭터로 사랑받고 있다. 감정적 연결고리를 형성하기 위해서는 캐릭터의 스토리와 성격을 강화하는 것이 중요하다. 캐릭터가 특정 상황에서 어떻게 반응하고, 어떤 가치관을 가지고 행동하는지를 통해 소비자와의 공감대가 형성된다. 이를 통해 캐릭터는 일회성의 소비가 아닌 장기적인 팬덤을 구축하게 된다.

왜 요즘 직장인 캐릭터, 엄마와 같이 사는 딸 캐릭터, 학생 캐릭터가 대중의 관심을 끄는지 생각해 보자. 작가가 자기의 현재 환경에서 소재를 구하는 것이 편하기 때문인 것도 있지만, 그만큼 공감을 이끌어 내기 쉽기 때문이다. 이는 반대로 내 캐릭터의 주요 타깃을 정하고 그들의 입장을 이해하는 캐릭터를 생산해야 한다는 점을 알려 준다.

"네 이야기를 써라"라는 말은 소설가한테만 해당하는 조언이 아니다. 캐릭터 작가들한테도 해당되는 창작 원칙이다. 소재를 풀어낼 때 계속 취재를 해야 한다면 소재 고갈이 금방 올 것이다. 직장 생활을 하지 않은 작가가 '퇴근을 오전부터 기다리지만, 막상 잘리면 너무 슬픈 감정'을 100% 이해할 수 있을까?

6) 트렌드와 시대적 감각 반영

캐릭터는 변화하는 소비자들의 취향과 트렌드를 반영해야 한다. 현대 소비자들은 환경 보호, 사회적 책임, 지속 가능성 등 가치 지향적인 소비에 큰 관심을 두고 있다. 따라서 캐릭터 역시 이러한 흐름을 반영할 수 있어야 한다. 예를 들어, 환경 보호를 주제로 한 캐릭터가 최근 들어 큰 인기를 끌고 있다. 라인프렌즈의 '브라운' 캐릭터는 여러 브랜드와의 협업을 통해 지속 가능한 제품을 홍보하며 환경 문제에 대한 인식을 높이는 데 기여했다. 이처럼 트렌드를 반영하는 동시에 시대적 감각을 잃지 않는 캐릭터는 오랫동안 사랑받을 수 있다. 다만 트렌드를 따르면서도 캐릭터의 본질을 훼손하지 않도록 신중하게 접근해야 한다.

구글 트렌드 등의 마케팅 툴을 통해 현재 내 타깃층이 어떤 키워드에 관심을 가지는지 꼭 체크해야 하고 그 소재를 적극적으로 다뤄야 한다.

7) 브랜드 확장성 고려

캐릭터가 성공하려면 하나의 콘텐츠나 제품에 국한되지 않고, 다양한 브랜드와 협업하고 확장할 수 있는 잠재력을 지녀야 한다. 예를 들어, '미니언즈'는 영화로 시작했지만 이후 의류, 장난감, 심지어 음식 산업까지 진출하며 그 영역을 확장했다. 브랜드 확장성을 고려할 때, 캐릭터의 정체성과 그 캐릭터가 전달하는 메시지를 유지하는 것이 중요하다. 단순한 제품 컬래버레이션이 아닌, 캐릭터가 새로운 브랜드와 결합했을 때도 그 본질을 잃지 않고 시너지를 낼 수 있어야 한다. 캐릭터의 세계관이 확고할수록, 다양한 브랜드와의 협업에서도 일관된 이미지를 유지할 수 있다. 이를 통해 캐릭터는 하나의 브랜드로 성장하게 되며, 소비자와의 접점을 더욱 넓힐 수 있다.

컬래버레이션이란 두 브랜드가 만나 각자의 개성과 메시지를 하나의 상품 안에서 조화롭게 드러내는 것을 의미한다. 그러지 않았을 경우에는 나쁜 컬래버레이션이 되고 만다. 몸에 바르는 화장품에 우유 브랜드를 컬래버레이션하는 경우, 잘못하면 아이들이 먹을 위험도 있다. 그 상품에는 화장품과 우유의 정체성이 살아 있어야 하지만 화장품 브랜드의 정체성은 전혀 드러나지 않고, 어느 면에서 봐도 우유 브랜드에 치우쳐 있다면, 이는 나쁜 컬래버레이션이다.

8) 소셜 미디어 최적화

오늘날 소셜 미디어는 캐릭터의 성공에 핵심적인 역할을 한다. 캐릭터가 성공하려면 SNS에서 빠르게 확산되고, 짧은 시간 안에 많은 사람들에게 인지도를 높일 수 있어야 한다. 이를 위해서는 짧고 강력한 메시지와 함께, 쉽게 공유되고 바이럴될 수 있는 요소를 담고 있어야 한다. 'BT21' 같은 캐릭터는 방탄소년단과의 컬래버레이션을 통해 SNS에서 큰 인기를 끌었다. 또한 캐릭터는 이모티콘이나 스티커로도 활용될 수 있어야 하며, 사람들에게 일상 속에서 쉽게 사용될 수 있는 형태로 다가갈 수 있어야 한다. SNS에서 캐릭터의 성공 여부는 소비자들의 자발적인 참여와 확산에 달려 있다.

소셜 미디어는 짧은 시간 안에 눈길을 끌어야 한다. 캐릭터의 성격이나 특징을 잘 드러내는 짧고 강렬한 영상이나 이미지 콘텐츠를 제작해 높은 참여도를 유도한다. 예를 들어, 짧은 애니메이션 클립이나 밈 형식의 콘텐츠가 효과적일 수 있다.

9) 지속적인 스토리 업데이트

성공하는 캐릭터는 시간이 지남에 따라 지속적으로 성장하고 변화해야 한다. 새로운 스토리나 설정을 부여함으로써 캐릭터의 매력을 유지하고, 팬들이 계속해서 관심을 가질 수 있도록 해야 한다. 예를 들어, 피카추는 포켓몬 세계에서 다양한 스토리와 이벤트를 통해 팬들에게 끊임없이 새로운 경험을 제공해 왔다. 캐릭터의 성장이나 변화를 스토리에 반영함으로써 팬들과의 유대감을 강화하고, 캐릭터에 대한 흥미를 지속적으로 유지할 수 있다. 특히 팬들이 캐릭터의 미래나 변화에 대해 지속적으로 관심을 가질 수 있는 요소를 제공하는 것이 중요하다.

오늘날 크리에이터 작가들이 전통적인 캐릭터를 이기고 성공할 수 있었던 핵심 요인은 SNS를 통한 팬들과의 직접 소통에 있다. 지속적인 콘텐츠의 업로드야말로 가장 중요한 성공의 열쇠다. 끝없는 콘텐츠 업로드와 팬들과의 커뮤니케이션만이 참여율(Engagement Rate, ER)을 올리는 길이다.

10) 지식 재산권 보호와 관리

캐릭터 사업에서 성공하기 위해서는 지식 재산권의 보호와 관리가 필수적이다. 캐릭터가 불법 복제되거나 무단 사용될 경우, 원작자의 권리가 침해되고 수익 창출에 타격을 입을 수 있다. 따라서 캐릭터 개발 단계부터 상표 등록, 저작권 보호 등 법적 절차를 철저히 밟아야 한다.

예를 들어, 디즈니는 모든 캐릭터에 대한 철저한 IP 관리로 전 세계에서 불법 복제를 강력히 대응하고 있다. IP 보호는 단순히 법적 보호를 넘어서, 캐릭터의 장기적인 성공을 보장하는 중요한 요소다. 반드시 지식 재산권 관련 지식을 습득해 자신의 권리를 지키는 것이 필요하다. 저작권과 상표 등록, 계약서 작성 시 지식 재산권 보호 항목 명문화, 침해 모니터링 및 대응 구축 체계 확립, 저작권과 상표 등록의 정기적인 검토 및 IP 갱신은 자신의 재산을 지키는 기본적인 방법이다.

위에서 살펴본 10가지 주의점을 고려해 캐릭터를 개발한다면 캐릭터의 성공 확률은 높아질 것이다.

7. 캐릭터 작가가 에이전시와 계약할 때 주의 사항

만약 여러분이 신규 캐릭터 작가로서 에이전시와 계약을 앞두고 있다면 아래 글을 참고하는 것이 큰 도움이 될 것이다.

1) 계약 기간

계약이 몇 년 동안 유효한지, 계약이 종료된 후에는 권리와 의무가 어떻게 처리되는지를 명확히 해야 한다. 자동 연장 계약은 예상치 못한 상황에서 불리할 수 있으니, 계약 만료 후 재협상을 통해 갱신하는 방식을 추천한다.

2) 저작권과 소유권

캐릭터의 저작권이 누구에게 귀속되는지를 명확히 설정해야 한다. 에이전시에 캐릭터를 이용할 권한은 주지만, 캐릭터의 전체 저작권을 넘겨주는 것이 아니라 작가가 주요 권리를 유지하도록 해야 한다. 저작권을 에이전시에 일시적으로라도 양도하는 계약은 장기적으로 작가에게 불리할 수 있으므로 신중하게 검토해야 한다.

3) 라이선스 범위

에이전시가 캐릭터를 사용할 수 있는 범위를 구체적으로

정의해야 한다. 예를 들어, 특정 국가에서만 라이선스가 적용되는지, 또는 산업별로 제한이 있는지를 명시해 사용 범위를 관리해야 한다. 이 외에도 기간이 지나면 사용 권한이 종료되는 조건을 포함하는 것이 중요하다.

4) 수익 배분 구조

에이전시와 수익을 어떻게 나눌지 명확히 설정한다. 로열티 비율, 계약금, 그리고 수익 산정 기준을 꼼꼼하게 확인하고 문서로 남겨 두는 것이 중요하다. 특히 에이전시가 발굴하지 않은 사업이 문제가 되는 경우가 많다. 이에 대해서도 수익 배분 기준과 업무 방식을 명확히 정해야 한다.

5) 작가의 권리

작가는 에이전시가 제안한 거래를 거부하거나 수정할 권리를 가질 수 있는지를 계약서에 명확히 명시해야 한다. 특히 거래가 작가의 방향성과 맞지 않을 때는 이를 거부할 수 있는 권리를 확보하는 것이 중요하다.

6) 활동 범위

에이전시가 수행할 업무와 작가가 직접 해야 할 업무를 구분해야 한다. 계약 협상, 마케팅, 홍보 등에서 에이전시의 역할이 어디까지인지, 작가가 관여할 부분이 어디까지인지 명확히 정리해야 한다. 불명확한 업무 분장은 향후 분쟁의 원인이 될 수 있다.

7) 계약 종료 조건

계약 체결 시에는 대부분 계약 종료에 대해 생각하지 않는 경향이 있다. 그러나 모든 계약은 종료되므로 계약을 종료할 수 있는 조건을 명확히 규정해야 한다. 파기 사유, 종료 통보 기간 등을 구체적으로 정해 예기치 않은 상황에서의 계약 종료를 대비할 필요가 있다.

8) 비밀 유지 조항

캐릭터 관련 정보나 작업물이 외부로 유출되지 않도록 비밀 유지 조항을 포함해야 한다. 특히 개발 중인 캐릭터 정보가 외부에 공개되었을 때의 피해를 예방하기 위한 조치가 필수적이다.

9) 책임 및 손해 배상

에이전시가 계약을 위반했을 경우 이에 따른 책임과 손해 배상 범위를 명확히 해야 한다. 또한 분쟁이 발생할 경우 이를 어떻게 해결할지 미리 합의해야 한다. '저작권위원회, 대한상사중재원, 콘텐츠분쟁조정위원회 등의 중재 기관을 통해 분쟁을 해결한다'는 조항을 넣는 것이 좋다. 중재 기관을 통한 해결 방식은 비용과 시간을 절약하고, 업계 이해도가 높은 사람들의 판단을 받을 수 있다는 장점이 있으므로 꼭 이 조항을 넣는 것이 좋다.

10) 캐릭터 수정 · 변경 권한

캐릭터 디자인이나 설정을 수정할 때, 작가의 동의가 필요한지 여부를 명확히 해야 한다. 또한 기초 자료 이외에 추가 디자인 작업이 필요할 경우, 작가가 우선적으로 작업을 하되, 해당 작업이 유상임을 명시하고, 다른 디자이너가 작업할 경우 작가의 최종 승인이 필요함을 규정해야 한다.

이상의 사항을 계약서에 반영한다면 에이전시와의 계약이 더욱 명확하고 공정하게 이루어질 수 있을 것이다.

8. 신규 캐릭터 작가의 인스타그램 성공 공식

인스타그램은 캐릭터 작가들에게 더 이상 선택이 아닌 필수 도구가 되었다. 특히 인스타툰이 그 중심에 자리 잡고 있다. 인스타그램에서 캐릭터를 알리고 팬들과 교류하는 과정에서 가장 중요한 지표는 팔로워 수와 참여율(ER)이다. 팔로워 수는 작가의 인지도를 나타내며, ER은 팬들이 콘텐츠에 얼마나 적극적으로 반응하는지를 보여 주는 수치다. ER은 다양한 사이트에서 쉽게 확인할 수 있으며, 예를 들어, 'Phlanx'와 같은 사이트를 이용하면 계정의 ER을 간단히 측정할 수 있다.

일반적으로 인스타그램에서 어느 정도 성공했다고 평가받기 위해서는 최소한 1만 명 이상의 팔로워를 확보하고 ER을 10% 이상 유지하는 것이 이상적이다. 일부 캐릭터 계정의 경우 ER이 150%에 이르기도 하는데, 이는 팔로워보다 더 많은 사용자가 콘텐츠에 반응하는 매우 이상적인 상태다.

그렇다면, 신규 캐릭터 작가들은 어떤 방식으로 인스타그램 계정을 성장시키고 팬층을 확보할 수 있을까?

먼저, 브랜드 아이덴티티를 명확하게 설정하는 것이 중요하다. 캐릭터의 개성과 세계관을 일관성 있게 유지해야 팔로워들이 캐릭터에 쉽게 몰입할 수 있다. 이를 위해 신규 작가는 초반 3개월 동안 캐릭터의 고유한 색을 확립하고 1,000명의 팔로워를 확보하는 것을 목표로 삼을 수 있다.

정기적인 업로드는 인스타그램 성장의 핵심 요소다. 일정한 요일과 시간에 인스타툰을 게시하면 팔로워들이 기대감을 갖고 계정을 방문하게 된다. 주 2회 이상 꾸준히 업로드하는 것이 이상적이며, 이를 6개월 동안 지속하면 5,000명 이상의 팔로워를 모을 수 있는 가능성이 커진다.

정기적인 업로드가 중요한 이유는 알고리즘 때문이다. 인스타그램은 지속적으로 활동하는 계정을 우선적으로 노출하며, 일정한 주기로 게시물을 올릴 경우 피드와 탐색 탭에서 노출될 확률이 높아진다. 따라서 정해진 요일과 시간에 맞춰 게시하는 것이 중요하다. 예를 들어, 월요일과 목요일 저녁 8시에 업로드하는 방식으로 일관성을 유지하면, 팔로워들이 해당 시간에 계정을 찾아올 가능성이 높아진다. 또한 꾸준한 업로드는 팔로워들에게 신뢰감을 주고 계정을 더욱 자주 방문하게 만든다.

스토리텔링을 활용해 캐릭터의 성장 과정과 변화를 보여 주는 것도 효과적인 방법이다. 단순히 개별적인 일러스트를 올리는 것이 아니라, 연속적인 이야기 형식을 통해 캐릭터의 개성과 서사를 강조하면 팔로워들의 몰입도가 높아진다. 또한 팔로워들이 댓글을 남기거나 DM을 보내도록 유도하면 ER을 자연스럽게 증가시킬 수 있다.

게시물의 노출도를 높이기 위해 해시태그 전략을 잘 활용하는 것도 중요하다. 예를 들어, '#인스타툰', '#캐릭터디자인' 등과 같은 인기 해시태그를 활용하면 더 많은 사람이 콘텐츠를 발견할 수 있다. 맞춤형 해시태그를 추가해 특정 관심사를 가진 사용자들에게 다가가는 것도 좋은 전략이 된다. 이를 통해 게시물의 도달 범위를 넓히고, 6개월 내에 2만 회 이상의 노출을 달성하는 것을 목표로 삼을 수 있다.

팔로워와의 적극적인 소통 역시 필수적인 요소다. 댓글에 성실하게 답변하고, 팔로워들의 질문에 응답하며, 그들의 피드백을 반영하면 신뢰가 형성된다. 이런 과정에서 게시물당 댓글 수를 꾸준히 늘려 ER을 10% 이상 유지하는 것이 이상적이다.

또한 IGTV와 릴스를 활용해 짧은 영상 콘텐츠를 게시하는 것도 계정의 성장을 촉진하는 방법 중 하나다. 특히 릴스는 인스타그램의 알고리즘에 의해 추천될 가능성이 높아, 신규 팔로워를 확보하는 데 효과적이다. 짧은 애니메이션 클립이나 캐릭터의 제작 과정을 보여 주는 영상을 게시하면, 릴스당 1만 회 이상의 조회 수를 달성할 수 있다.

다른 작가나 인플루언서와 협업하는 것도 팔로워를 늘리는 데 도움이 된다. 인기 있는 캐릭터 작가와 함께 콘텐츠를 제작하거나 서로의 계정을 소개하면, 기존 팔로워를 공유할 수 있다. 이러한 크로스 프로모션을 통해 6개월 내에 3,000명 이상의 신규 팔로워를 유치할 수 있다.

팔로워의 참여를 유도하는 이벤트도 좋은 전략이 된다. 예를 들어, 캐릭터의 이름을 정하는 공모전이나 팬들이 스토리를 이어 가는 방식의 이벤트를 진행하면, 팔로워들이 콘텐츠에 더욱 적극적으로 참여하게 된다. 이벤트를 활용하면 팔로워의 충성도를 높이고, 한 번의 이벤트로 500명 이상의 신규 팔로워를 확보할 수도 있다.

이 외에도, 인스타그램에서 제공하는 '인사이트' 기능을 활용해 팔로워의 반응을 분석하는 것이 중요하다. 어떤 콘텐츠가 가장 많은 반응을 얻었는지, 어떤 시간대에 게시했을 때 효과가 좋았는지를 파악하면, 보다 효과적인 콘텐츠 전략을 세울 수 있다. 이를 통해 ER을 8% 이상으로 끌어올리는 것이 가능하다.

마지막으로, 광고를 활용해 도달 범위를 더욱 확대할 수도 있다. 인스타그램 광고를 이용하면 특정 타깃층을 대상으로 게시물을 노출시킬 수 있으며, 이를 통해 3개월 내에 5만 회 이상의 노출을 달성할 수 있다.

1인 창작자를 위한 광고비 지원 정부 사업이 다양하게 마련되어 있으므로, 이를 활용하면 더욱 경제적으로 광고를 집행할 수 있을 것이다.

결국, 인스타그램에서 성공하기 위해서는 단순히 좋은 작품을 올리는 것만으로는 부족하다. 정기적인 업로드, 적극적인 소통, 효과적인 해시태그 활용, 다양한 콘텐츠 포맷 적용, 협업, 이벤트, 광고 등 다양한 전략을 체계적으로 실행해야 한다. 이러한 과정을 꾸준히 실천한다면, 신규 캐릭터 작가도 인스타그램에서 탄탄한 팬층을 구축하고 브랜드를 성장시킬 수 있을 것이다.

9. 캐릭터 라이선스 제안서 작성 가이드

캐릭터는 상품화가 될 때 진정한 가치를 발휘하며, 이를 위해서는 다양한 라이선시에게 수많은 제안을 해야 한다. 이때 사용하는 것이 라이선스 제안서다.

제안서는 대형 캐릭터가 아닌 인지도가 낮은 소규모 캐릭터일수록 더욱더 중요하며, 제안서를 통해 상대편이 알지 못하는 정보까지 제공해야 한다. 다음은 일반적인 캐릭터 제안서의 목차와 내용을 정리한 것이다.

1) 제안 개요

이 제안서를 준비한 배경과 의도를 명확히 설명해야 한다. 캐릭터가 라이선시의 브랜드에 어떻게 기여할 수 있는지에 대한 간략한 소개도 포함하도록 한다. 그리고 본 캐릭터의 핵심 가치도 강조한다. 또한 라이선스를 통해 양사가 얻을 수 있는 주요 혜택을 요약해서 보여 준다. 예를 들어, 매출 증대, 브랜드 인지도 향상 등 실질적인 성과를 기대하게 할 수 있다.

협업을 통해 목표로 하는 방향성과 이를 실현하기 위한 명확한 협력 방안의 기본 방안들을 간략히 설명한다.

2) 회사 소개

불필요한 정보는 생략하고 신뢰성 확보에 집중한다. 회사의 연혁 등 성장 과정과 비전을 소개해 신뢰감을 준다. 라이선시에게 자사의 강점을 어필할 수 있도록 한다. 또한 현재 회사가 집중하고 있는 주요 사업을 간단하게 정리한다. 캐릭터 사업뿐만 아니라 다른 연관 사업이 있다면 포함해도 좋다.

캐릭터 사업 실적을 소개할 때는 구체적인 수치나 성공 사례가 있다면 제시하여, 회사의 경험과 성과를 강조해야 한다. 회사가 경영적으로 안정되어 있다는 점을 지표를 통해 보여 주는 것도 좋다.

3) 캐릭터 소개

캐릭터의 스토리와 세계관은 해당 캐릭터가 존재하는 배경과 그 캐릭터가 겪는 이야기의 흐름을 중심으로 정리된다. 이 부분에서는 캐릭터가 가진 독특한 매력과 차별화된 요소를 강조해야 한다. 캐릭터의 동기, 성장, 목표 등 이야기를 풀어 나가는 방식과 그 세계관 안에서 어떤 역할을 맡고 있는지를 상세히 설명하여, 캐릭터가 관객에게 어떤 감동을 줄 수 있는지 명확히 드러내는 것이 중요하다. 또한 그 캐릭터가 겪는 갈등이나 역경, 이를 해결하는 과정에서 나타나는 특별한 성격이나 행동 특성을 부각해, 캐릭터의 입체적인 매력을 더해야 한다.

캐릭터 디자인 및 특징에서는 시각적인 매력을 강조하며, 디자인의 주요 요소와 독창적인 스타일을 설명해야 한다. 캐릭터의 외모와 의상, 색상 조합, 표정, 몸짓 등 시각적으로 두드러진 특징을 세세히 설명해, 해당 캐릭터가 다른 캐릭터들과 어떻게 구별되는지 분명하게 보여 준다. 이때 가능하다면 이미지를 함께 제공해 설명이 더 직관적이고 이해하기 쉽도록 하는 것이 좋다. 디자인은 단순히 보기 좋은 것을 넘어서 캐릭터의 성격이나 역할을 드러내는 중요한 요소로 작용하므로, 디자인과 성격이 어떻게 일치하는지에 대한 설명도 함께 포함하면 효과적이다.

타깃 고객층 분석은 라이선시가 해당 캐릭터의 시장을 제대로 이해하고 적합한 전략을 세울 수 있도록 돕는다. 이 분석은 시장 조사 내용을 바탕으로 캐릭터가 어떤 연령대, 성별, 취향의 소비자들에게 가장 큰 인기를 끌 수 있을지에 대한 정보를 제공한다. 이를 통해, 캐릭터가 적합한 타깃층을 잘 반영하고 있는지, 그리고 해당 시장에서 성공 가능성이 높은지를 명확히 알릴 수 있다. 또한 타깃층에 맞춘 상품이나 마케팅 전략을 수립하는 데 필요한 데이터를 제공하는 것도 중요하다.

기존 상품화 사례는 해당 캐릭터가 상업적으로 얼마나 성공적인지 입증하는 중요한 요소다. 만약 캐릭터가 이미

다른 상품에 적용되어 긍정적인 성과를 거둔 경우, 그 사례를 통해 상품화가 잘될 가능성을 제시할 수 있다. 이때 구체적인 성과나 매출, 인기 등을 데이터로 뒷받침하면 더욱 신뢰성을 높일 수 있다. 기존의 상품화 사례를 통해 캐릭터의 시장성과 브랜드 파워를 입증하는 것이 중요하다.

4) 캐릭터 활용 가능성

현재 캐릭터 사용 사례 및 레퍼런스는 해당 캐릭터가 이미 다양한 산업이나 상품군에서 어떻게 활용되었는지를 보여 주는 구체적인 사례를 제시하는 것이다. 예를 들어, 캐릭터가 게임, 애니메이션, 패션, 장난감, 혹은 광고 등 다양한 분야에서 성공적으로 사용된 사례를 통해, 해당 캐릭터가 다른 브랜드나 산업에서 어떤 긍정적인 영향을 미쳤는지 설명할 수 있다. 이때 사용된 상품이나 서비스의 종류와 그 성공 사례를 구체적으로 언급함으로써, 캐릭터의 활용 가능성과 범용성을 입증하는 것이 중요하다.

캐릭터의 강점 및 차별성은 다른 캐릭터들과 비교해 해당 캐릭터가 가지는 독특한 점을 강조하는 부분이다. 캐릭터가 어떤 점에서 유사한 캐릭터들과 차별화되는지, 그리고 그 독창적인 매력 포인트가 무엇인지 구체적으로 설명한다. 예를 들어, 캐릭터의 디자인, 성격, 배경 이야기, 혹은 특유의 감동적인 요소나 유머 감각 등이 어떻게 다른 캐릭터들과 비교해 두드러지는지를 설명하고, 이를 통해 해당 캐릭터가 가진 독창적인 가치를 부각한다.

캐릭터가 제안하는 이미지와 가치는 캐릭터의 이미지가 협력사의 브랜드와 잘 맞는지를 평가하는 데 중요한 부분이다. 협력사의 브랜드 이미지와 캐릭터의 성격이나 특성이 잘 맞아떨어진다면, 그 협업이 더욱 성공적일 가능성이 높다. 예를 들어, 캐릭터가 가진 이미지가 귀엽고 친근한 성격이라면, 이를 패션 브랜드나 어린이 관련 제품과 결합할 수 있는 가능성을 보여 줄 수 있다. 이 과정에서 캐릭터의 이미지가 어떻게 브랜드의 목표와 가치에 부합하는지를 잘 설명해야 한다.

라이선스 제안 내용은 이번 협업에서 캐릭터가 어떻게 활용될 수 있을지를 구체적으로 제시하는 부분이다. 예를 들어, 캐릭터를 어떤 상품군에 적용할 것인지, 혹은 어떤 마케팅 활동에 활용할 것인지 등을 명확히 설명해야 한다. 라이선스 계약에서 제시할 수 있는 권리와 조건, 그리고 각 파트너가 맡을 역할이나 책임에 대해서도 구체적으로 언급해 협업이 어떻게 진행될 수 있을지에 대한 청사진을 그려 준다.

캐릭터 사용 시의 상품 이미지는 실제로 캐릭터가 적용된 상품을 보여 주는 예시 이미지를 포함해, 캐릭터가 어떤 식으로 상품에 활용될 수 있을지를 구체적인 시각적 자료로 제시하는 것이다. 이 이미지는 캐릭터가 상품에 실제로 적용된 모습을 보여 주어, 협력사나 라이선시가 이를 상상하고 상품화할 수 있도록 도와준다. 예를 들어, 캐릭터가 장난감, 의류, 문구류 등 다양한 상품에 어떻게 적용되는지를 이미지로 나타내어, 캐릭터의 상업적 활용 가능성을 시각적으로 표현하는 것이다.

5) 라이선스 사업 성과

현재까지의 라이선스 실적은 캐릭터가 이미 체결한 라이선스 계약과 그 성과를 구체적인 수치로 제시하는 부분이다. 예를 들어, 캐릭터가 특정 브랜드와 계약을 체결한 후 발생한 매출, 판매량, 또는 시장에서의 반응 등을 포함해, 라이선스 계약이 얼마나 성공적이었는지를 수치로 보여 주는 것이 중요하다. 이 과정에서 매출 성장률이나 계약 후 달성한 목표 등을 구체적인 숫자와 함께 설명해, 향후 추가적인 라이선스 계약이나 파트너십을 유도할 수 있는 신뢰를 제공한다. 예를 들어, '2023년 X 브랜드와의 라이선스 계약을 통해 1년 만에 20% 매출 증가 달성' 같은 식으로 수치로 구체화하면 효과적이다.

주요 성공 사례는 특정 라이선스 파트너와의 성공적인 협업을 통해 캐릭터의 상업적 가능성을 강화하는 부분이다. 성공적인 파트너십 사례를 들며, 해당 협업이 어떻게 긍정적인 결과를 이끌어 냈는지 구체적으로 분석한다. 예를 들어, 특정 브랜드와의 협업으로 인해 캐릭터가 상품화되어 큰 판매 성과를 거두었거나, 해당 브랜드의 마케팅 활동에 중요한 역할을 했다면 그 사례를 강조하는 것이 좋다. 또한 이러한 성공 사례가 다른 라이선시에게도 긍정적인 영향을 미칠 수 있음을 보여 주어, 캐릭터가 상업적으로 성공할 가능성이 높다는 점을 입증할 수 있다.

매출 및 인지도 데이터는 캐릭터의 상업적 가능성을 증명하는 핵심적인 요소다. 시장 내에서 캐릭터가 얼마나 알려져 있는지, 그리고 그 캐릭터와 관련된 상품들이 얼마나 잘 팔리고 있는지를 수치로 제시한다. 예를 들어, '캐릭터 관련 제품의 매출이 전년 대비 30% 증가했다'라거나 '캐릭터의 소셜 미디어 팔로워 수가 50만 명을 돌파했다'는 식으로 매출 성장, 시장 반응, 인지도 상승 등의 데이터를 제시하는 것이 중요하다. ROI(Return on Investment, 투자 대비 수익) 데이터는 특히 유용하며, 라이선스 계약 후 투자 대비 수익이 얼마나 효과적으로 발생했는지를 구체적인 수치로 분석하면, 파트너들에게 더욱 확실한 비즈니스 가치를 제시할 수 있다.

6) 마케팅 및 프로모션 계획

협력 시 기대 효과 및 공동 마케팅 방안을 구체적으로 서술

한다. 제안하는 공동 마케팅의 형태, 프로모션 방안 등을 명확히 제시해 라이선시가 느낄 수 있는 마케팅 지원의 실체를 강조한다.

또한 홍보 자료 및 마케팅 지원 계획도 필요하다. 캐릭터 마케팅에 필요한 자료와 지원 계획을 명시해 라이선시가 마케팅 부담을 덜 느끼도록 한다. 예를 들어, 상품이 새로 나왔을 때 우리 SNS에서 홍보해 준다든지, 상품 홍보 시 봉제 인형을 저렴하게 공급한다든지 하는 것들이다.

그리고 캐릭터 회사로서의 공동 프로모션 방안, 기대되는 마케팅 효과 등을 제시하면 라이선시의 상품에 대한 이해도를 전달할 수 있다.

7) 기대 효과 및 파트너 혜택

라이선스를 통한 시너지 효과를 부각한다. 파트너사와의 협력으로 발생할 수 있는 시너지와 이점을 강조한다. 협업으로 얻을 수 있는 다양한 혜택과 필요한 지원 내용을 구체적으로 제시해 파트너사의 관심을 끈다.

8) 기대 효과

협업으로 인한 브랜드 상승효과와 이미지 개선 방안을 설명한다. 현재의 시장에서 확장할 수 있는 가능성과 신시장 진출을 위한 전략을 포함한다.

9) 부록

캐릭터 활용 시 반드시 지켜야 하는 기본 가이드라인을 포함해, 일관된 브랜드 이미지를 유지할 수 있도록 한다. 가이드라인은 해상도가 낮은 그림이나, 음영 그림을 넣은 PDF로 전달해 불법 사용을 막는다.

기존 라이선스 상품 포트폴리오도 좋은 자료다. 과거의 라이선스 사례가 있다면, 이미지를 함께 제시해 신뢰를 얻는다. 캐릭터나 회사가 획득한 관련 인증이나 수상 내역이 있다면 포함해 회사의 신뢰도를 높인다. 캐릭터와 관련된 언론 보도나 미디어 노출 사례가 있다면 제시하여, 대중적인 인지도를 어필할 수 있다.

캐릭터 제안서는 데이터 기반의 객관적인 정보로 구성되어야 하며, 파트너사의 관점에서 이점을 강조하고, 캐릭터인 만큼 시각적 자료를 적극적으로 활용해야 하며, 구체적이고 현실적인 제안이 포함되어야 한다.

또한 명확한 수치와 목표를 제시하고, 타 캐릭터와 차별화된 강점을 부각해야 하며, 실현 가능한 계획 위주로 작성해야 상대편을 설득할 수 있다.

10. 스타트업 기업으로서의 캐릭터 회사

1) 사업자 등록증의 필요성

캐릭터 작가로서 자신의 작품을 처음으로 사업화하려면 사업자 등록이 반드시 필요하다. 그 이유는 여러 가지가 있다.

첫째, 사업자 등록을 통해 작품을 투명하게 판매할 수 있다. 개인적으로 판매하는 경우에는 신뢰성에 문제가 생길 수 있지만, 사업자 등록을 하면 거래의 투명성을 확보할 수 있다. 이는 특히 외부 거래처나 파트너와 협력할 때 중요한 요소가 된다.

둘째, 사업자 등록을 하면 세금 계산서를 발행할 수 있다. 거래처 대다수는 세금 계산서를 발급받을 수 있는 상대와만 거래를 원한다. 특히 대기업이나 규모가 큰 기업은 세금 계산서 발행을 반드시 요구하는 경우가 많다. 따라서 사업자 등록을 하지 않으면 이런 거래처와 거래를 하기 어렵다.

셋째, 사업자 등록을 하면 재료비, 인건비 등의 비용을 경비 처리할 수 있어 세금을 절감할 수 있다. 예를 들어, 작품을 만드는 데 필요한 재료나 고용한 직원의 인건비는 경비로 처리하여 과세 대상 금액을 줄일 수 있다. 이는 결과적으로 세금 부담을 경감시킨다.

넷째, 사업용 신용카드를 만들 수 있어 지출 증빙이 가능하다. 사업에 필요한 각종 비용을 신용카드로 결제하면, 이를 사업 경비로 인정받아 세무 처리에 활용할 수 있다. 또한 신용카드를 통해 지출 내역을 체계적으로 관리할 수 있다.

다섯째, 부가가치세를 활용할 수 있다. 사업자는 매출에 부가가치세를 부과하고, 재료나 용역을 구입할 때 낸 부가가치세를 환급받을 수 있다. 사업자 등록을 통해 이 혜택을 누릴 수 있다.

여섯째, 사업자로 등록하면 사업 기간이 경력으로 인정된다. 이는 향후 다른 사업을 시작하거나 투자 유치, 대출 등을 진행할 때 중요한 경력으로 인정된다.

일곱째, 굿즈 및 상품을 판매할 수 있다. 사업자 등록을 통해 상품화 과정이 원활히 이루어지며, 관련 법적 규제를 준수하면서 안정적으로 제품을 판매할 수 있다.

여덟째, 콘텐츠 및 예술 활동 관련 정부 지원 사업에 지원할 수 있다. 정부나 공공 기관에서 제공하는 다양한 지원 사업에 참여하려면 사업자 등록이 필수적이다. 이를 통해 더 많은 기회를 얻고, 정부의 지원을 받을 수 있다.

또한 사업이 성장하고 매출이 증가함에 따라 개인 사업자에서 법인 사업자로의 전환도 고려해야 한다. 일정 수준의 매출이 발생하고 사업이 안정되면, 법인 사업자로 전환하는 것이 유리할 수 있다. 이는 세무적인 측면에서도 절세 효과가 있으며, 사업 운영에서 더 많은 혜택을 누릴 수 있기 때문이다.

요즘은 개인 사업자의 경우, 이러한 세무 기장을 대행해 주는 앱이 많이 나와 있으므로 이러한 앱을 사용하면 간편하게 세무 신고를 할 수 있다.

2) 정부 정책 자금

사업자로서 사업을 영위하기 위해서는 큰 비용이 필요하며 이를 충당하는 방편으로 정부 제도를 활용할 수 있다. 대부분의 캐릭터 작가는 이 부분에서 정보가 부족한 경우가 많지만 조금만 노력해서 지원 사업 분야의 지식을 늘리면 다양한 사업에서 비용을 지원받을 수 있다.

정부의 정책 자금은 표 4-4처럼 네 가지 유형으로 구분할 수 있다.

이 중 콘텐츠 회사가 노려 봐야 할 것은 지원 자금이다. 이는 콘텐츠의 제작 지원 사업의 형태로 받을 수 있다.

대표적인 지원 사업에는 표 4-5와 같은 것들이 있다(괄호 금액은 최대 지원 금액).

지원 사업은 중소벤처기업부(창업진흥원, 소상공인시장진흥공단), 문화체육관광부(한국콘텐츠진흥원) 등 다양한 부처에서 지원하는 중앙 정부 지원 사업 및 각 지방

표 4-4. 정책 자금의 종류 및 특징

구분	내용	상환
지원 자금	• 소요 자금의 일부(70%) 혹은 전부를 무상 지원 • 예비 창업자와 창업 기업 제품화 과정 지원 • 지원 기관이 위탁 · 집행하며 선정에 일정한 심사 기간이 소요됨	상환 없음
출연 자금	• 소요 자금의 최고 90%까지 출연하여 지원 • 기술 개발 자금을 과제 형태로 수행하여 지원 • 개발 성공 후 지원금의 일부(10%) 분할 상환	상환 없음. 성공 시 기술료로 일부 상황
융자 자금	• 기업 보유 담보를 근거로 저금리 융자 • 운영 시설, 창업, 기술 개발 등 다양한 사업 지원 • 대출 전액을 일정 기간 분할 상환	지원금 및 이자 지원
투자 자금	• 신주 발행, 주식 인수 등 법인 주식 대가로 조달 • VC(벤처 캐피털), 금융 기관, 기업 등이 투자 • 주로 자본 형태로 투자되며 3~12개월 소요	IPO, M&A 등을 통한 회수

정부 및 지방 정부 출연 기관에서 연중 지원하는 수많은 프로그램이 있으므로 이에 관해서는 따로 책을 써야 할 정도다.

각 기관에서 '매해 1월 지원 계획 발표, 3~4월부터 공

표 4-5. 초기 스타트업 지원 자금(2025년 기준)

기업 분류 및 기관	스타트업(창업진흥원)	소상공인(소상공인시장진흥공단)	문화콘텐츠(한국콘텐츠진흥원)
창업 전	생애 최초/예비 창업 패키지 (1억 원)	혁신 소상공인 창업 지원 (4000만 원)	아이디어 사업화 (500만원)
창업 후~3년	초기 창업 패키지/청년창업사관학교(1억 원)	로컬 크리에이터 육성 사업 (4000만 원)	액셀러레이터연계 지원 (9000만 원)
3~7년	창업 도약 패키지(3억 원)	강한 소상공인 지원 사업(1억 원)	투자 연계 창업 도약 프로그램 (2억 원)

고 및 선발, 4~5월 선정자 발표, 5~11월 사업 진행, 12월 정산'의 일정으로 진행한다. 따라서 각 지원 기관의 홈페이지와 정부 지원 사업 포털인 K-Startup 사이트를 방문해 관련 지원 사업을 사전에 충분히 조사하고 이해한 후 작성하면 선정될 가능성이 높아진다.

11. 전통적인 라이선스와 컬래버레이션

요즘 라이선스 업계의 가장 두드러진 트렌드 중 하나는 컬래버레이션이다. 컬래버레이션은 이제는 너무 자주 사용해 다소 식상하게 느껴질 정도로 흔한 용어가 되었지만, 처음 등장했을 때만 해도 신선하고 혁신적인 개념으로 받아들여졌다. 기존의 라이선스 방식과는 차별화된 접근이었고, 브랜드 간의 새로운 시너지 효과를 기대할 수 있는 전략으로 주목받았다.

컬래버레이션이 주목받는 이유는 단순히 브랜드가 함께 협업하는 것 이상의 의미를 가지기 때문이다. 소비자들은 점점 더 개성 있는 제품과 한정판 상품을 선호하는 경향이 강해지고 있는데, 컬래버레이션은 이러한 소비 심리를 자극하는 데 효과적이다. 또한 브랜드 간 협업을 통해 기존에 없던 색다른 조합이 만들어지면서 시장에서의 주목도가 높아지고, 홍보 효과도 극대화된다. 단순한 라이선스 계약과 달리 컬래버레이션은 브랜드 간의 공동 기획을 통해 더 창의적이고 차별화된 제품을 만들어 내는 능동적인 브랜딩 전략으로 평가받고 있다.

전통적인 라이선스 방식에서는 보통 자체 브랜드를 소유하지 못한 중소 제조업체가 유명한 브랜드의 힘을 빌려 상품을 제작하고 판매한다. 쉽게 말해, 브랜드 파워가 부족한 기업이 소비자들에게 친숙한 IP를 활용해 상품의 가치를 높이고자 하는 전략이다. 이러한 방식은 안정적인 제작과 유통을 위해 1~2년의 비교적 긴 계약 기간을 설정하는 것이 일반적이다.

표 4-6. 전통적인 라이선스와 컬래버레이션의 비교

구분	전통적인 라이선스	컬래버레이션
계약 기간	1~2년의 계약	1~3개월의 짧은 계약 기간
대상 업체	중소기업이 라이선시	주로 대기업
브랜드 강도	라이선시, 상품의 자체 브랜드가 약함	상품의 자체 브랜드 강함
브랜드 파워	상품에 자체 브랜드나 회사가 표현되지 않는다 예) 카카오빵, 뽀로로 가방 등	상품 하나에 제작사의 브랜드와 캐릭터 브랜드가 둘 다 각각 살아 있다 예) 디즈니 x 볼빅 골프공

또한 라이선스 상품에서는 브랜드의 정체성이 캐릭터나 IP에 집중되며, 제조사의 브랜드는 거의 드러나지 않는다. 예를 들어, 뽀로로 가방을 생각해 보자. 소비자들은 이 제품을 구매할 때 '어떤 회사에서 제작했는가?'보다는 '뽀로로 캐릭터가 있는 가방인가?'를 더 중요하게 여긴다. 실제로 제품을 만든 제조사가 누구인지 크게 신경 쓰지 않으며, 브랜드의 가치는 오로지 캐릭터 자체에 집중된다. 심지어 계약이 종료되어 라이선시가 변경되더라도, 뽀로로 가방은 계속해서 비슷한 형태로 판매될 수 있다. 이는 뽀로로라는 브랜드의 힘이 얼마나 강한지를 보여 주는 사례다.

이와 유사하게, 뽀로로 연필, 뽀로로 의자 등 다양한 제품이 여러 회사에서 출시되었지만, 마치 한 회사에서 일괄적으로 제작한 것처럼 보이게 디자인을 통일하고 브랜드 아이덴티티를 유지하는 것이 일반적인 라이선스 방식이다. 이처럼 기존 라이선스 모델은 유명 IP를 활용해 다수의 기업이 제품을 생산하고 판매하는 구조이며, 브랜드보다는 캐릭터 자체에 초점을 맞춘다.

반면 컬래버레이션은 큰 브랜드와 큰 제작사가 협업하는 경우가 대부분이다. 컬래버레이션 방식에서는 제조사가 이미 강력한 자체 브랜드를 보유하고 있으며, 별도의 유명 브랜드와 협력해 짧은 기간 동안 한정판 제품을 출시하는 형태로 진행된다. 이 방식은 기존의 라이선스 모델과 다르게 두 브랜드가 각자의 정체성을 유지하면서도 서로의 강점을 결합하는 것이 핵심이다.

예를 들어, '카카오 × 볼빅' 골프공을 보면, 이 제품에는 볼빅 골프공의 브랜드 정체성과 카카오의 IP가 동시에 반영되어 있다. 즉, 소비자는 이 제품을 볼 때 단순히 '카카오 캐릭터가 들어간 골프공'이 아니라, '볼빅이라는 유명한 골프 브랜드와 카카오가 협업하여 만든 특별한 제품'으로 인식하게 된다. 이는 단순히 캐릭터 라이선스를 빌려서 제품을 제작하는 것이 아니라, 브랜드와 브랜드 간의 협업을 통해 새로운 가치를 창출하는 과정이다.

컬래버레이션은 짧은 계약 기간과 한정판 출시라는 특

성 덕분에 소비자들의 소장 욕구를 자극하며, 브랜드 간의 협업을 통해 기존 시장에서 예상치 못한 새로운 시너지를 만들어 낼 수 있다. 이러한 방식은 특히 패션, 스포츠, 식품, 라이프 스타일 브랜드에서 활발하게 활용되고 있으며, 최근에는 게임, 애니메이션, 엔터테인먼트 분야에서도 적극적으로 도입하고 있다.

결론적으로, 전통적인 라이선스는 캐릭터나 브랜드의 힘을 빌려 제품을 판매하는 구조이며, 컬래버레이션은 브랜드와 브랜드 간의 상호 협업을 통해 새로운 가치를 창출하는 전략이다. 두 방식 모두 시장에서 중요한 역할을 하지만, 최근 소비자들의 취향 변화와 브랜드 간의 차별화 전략이 강조되면서 컬래버레이션이 더욱 주목받고 있는 것이 현재 라이선스 업계의 주요 흐름이라 할 수 있다.

05

글로벌 캐릭터 시장과 해외 진출

글로벌 시장으로의 확장을 모색하는 캐릭터 비즈니스 관계자들을 위한 실용적인 가이드를 제공한다. 캐릭터 작가와 기업이 주목해야 할 주요 국제 전시회를 소개하고, 성장 잠재력이 큰 중국과 동남아시아 시장의 특성과 진출 전략을 분석한다.

세계 캐릭터 산업의 중심지인 일본 도쿄와 미국 라스베이거스 시장에 대한 심층 조사 결과를 공유하며, 디지털 도구를 활용한 효율적인 해외 시장 리서치 방법론을 제시한다.

또한 해외에서 제작된 캐릭터 상품의 한국 수입 과정에서 발생할 수 있는 통관 문제와 그에 대한 해결책을 상세히 설명하여, 글로벌 캐릭터 비즈니스를 위한 실질적인 로드맵을 제공한다.

1. 캐릭터 작가나 회사가 관심 가져야 할 국제 전시회들

캐릭터 작가에게는 '일러스트 페어'와 같이 자신의 팬과 직접 만나 그들의 의견을 듣는 기회도 중요하다. 하지만 역시 최종적으로는 기업을 대상으로 한 B2B(기업 간 사업) 마켓에서 비즈니스 성과를 내는 것이 핵심이다.

B2B 전시는 기업 간의 협력과 파트너십 구축에 중점을 둔다. 캐릭터 브랜드의 성장에는 장기적인 비즈니스 관계가 필수적이므로, 이러한 전시를 통해 잠재적인 파트너를 찾고, 브랜드의 가치를 전달할 기회를 확보할 수 있다.

또한 B2B 전시를 통해 관련 산업의 최신 동향과 트렌드를 직접 확인할 수 있다. 이를 통해 시장의 변화에 발맞추어 전략을 조정하고, 혁신적인 아이디어를 얻을 수 있다.

다음은 캐릭터 작가 혹은 캐릭터 회사로서 B2B 전시에 참여하여 다양한 기업과 협업할 수 있는 국내외 주요 트레이드 쇼를 개최 시기에 따라 정리한 목록이다. 보통 기업형 브랜드 라이선스 회사는 다음과 같은 전시에 참여해 바이어들과의 연결점을 찾는다.

1) 1월 홍콩 토이쇼

홍콩 토이쇼(Hong Kong Toys & Games Fair)는 홍콩 컨벤션 & 전시 센터(HKCEC)에서 열린다. 아시아 최대 장난감 및 게임 전시회로, 장난감 제조업체와 협업할 기회를 제공한다.

2) 4월 홍콩 라이선스 쇼

홍콩 라이선스 쇼(Hong Kong International Licensing Show)는 홍콩 컨벤션 & 전시 센터(HKCEC)에서 열리며 아시아 최대 라이선스 쇼 중 하나로, 캐릭터와 브랜드 라이선스 비즈니스를 위한 훌륭한 기회를 제공한다.

매년 ≪아이러브캐릭터≫ 등의 전문지에서 참관단을 모집하고 안내 프로그램을 운영하므로 이러한 프로그램을 활용해 참여하면 쉽게 현장을 방문하고 해외 바이어들과 미팅할 수 있다.

3) 6월 라스베이거스 라이선싱 엑스포

라이선싱 엑스포(Licensing Expo)는 미국의 라스베이거스 만달레이 베이 컨벤션 센터에서 열린다. 세계 최대 라이선스 쇼로, 글로벌 브랜드와의 협업 및 비즈니스 네트워킹에 최적화되어 있다.

4) 7월 서울 캐릭터 라이선싱 페어

캐릭터 라이선싱 페어(Character Licensing Fair)는 서울 코엑스(COEX)에서 열리는 한국 최대의 캐릭터 및 라이선스 전시회로, 국내외 바이어와의 협업 기회를 제공한다.

5) 9월 상하이 차이나 라이선싱 엑스포

차이나 라이선싱 엑스포(China Licensing Expo)는 상하이 신국제엑스포센터(SNIEC)에서 열리는 중국 최대 라이선싱 엑스포로, 중국 시장을 타깃으로 한 캐릭터와 브랜드 라이선싱 비즈니스를 확장하기에 좋은 플랫폼이다.

6) 10월 런던 브랜드 라이선싱 유럽

브랜드 라이선싱 유럽(Brand Licensing Europe)은 영국의 엑셀 런던(ExCeL London)에서 열리는 유럽 최대의 라이선스 전시회로, 글로벌 및 유럽 시장에서 협업 기회를 모색할 수 있다.

미국과는 다르게 상업용 브랜드보다는 다양한 중소 예술 브랜드와 박물관, 미술관 등이 보유한 다양한 미술품을 이용한 브랜드 사업을 볼 수 있어 흥미롭다.

7) 11월 서울 산업진흥원의 SPP

서울 산업진흥원의 SPP(Seoul Promotion Plan)는 서울에서 열리며 한국에서 개최되는 애니메이션, 캐릭터, 콘텐츠 중심의 B2B 비즈니스 매칭 행사로, 국내외 바이어와의 협업 기회를 극대화할 수 있다. 서울경제진흥원에서 주최하지만 전국의 콘텐츠 회사가 참여할 수 있다. 다년간의 행사 진행 경험으로 내실 있고 실질적인 성과를 기대할 수 있는 해외 바이어들이 많이 방문하는 대표적인 B2B 마켓이다.

이러한 전시회를 통해 글로벌 및 국내 시장에서 캐릭터와 브랜드 협업의 기회를 극대화할 수 있을 것이다.

2. 국내 캐릭터 시장의 다음 타깃은 중국, 동남아시아

멘토링하는 캐릭터 회사 대표가 해외 시장 공략 시 우선적으로 진출해야 하는 나라를 선정해 달라고 요청해서 다음과 같이 정리한 적이 있다. 스튜디오마다 여건과 상황이 다르지만, 중소형 캐릭터 회사가 투자하는 시간과 비용 대비 비교적 아웃풋이 좋은 국가 다섯 곳을 선정했다.

중국과 동남아시아를 먼저 제안한다. 한국 회사가 캐릭터 시장에 진출할 때 동남아시아와 중국을 먼저 공략해야 하는 이유는 두 지역이 빠르게 성장하고 있으며, 문화적으로도 한국과 유사한 점이 많기 때문이다. 동남아시아는 인구가 많고, 특히 젊은 세대를 중심으로 캐릭터와 애니메이션 콘텐츠에 대한 수요가 급증하고 있으며, 저가의 캐릭터 상품과 다양한 제품화 가능성 덕분에 한국 캐릭터의 매력을 쉽게 수용할 수 있는 환경이 조성되어 있다.

또한 중국은 세계 최대의 콘텐츠 시장으로, 막대한 인구와 소비 시장을 바탕으로 캐릭터의 라이선스와 판권 거래가 활발하게 이루어지고 있다. 한국의 애니메이션과 캐릭터는 일본과 유사성을 지니고 있어 중국 소비자에게도 친숙하게 받아들여질 수 있는데, 이는 중국이 수십 년간 일본 애니메이션을 가장 많이 소비한 국가 중 하나이기 때문이다. 따라서 현지 파트너와의 협력을 통해 문화적 이해를 높이고 현지 시장에 맞는 콘텐츠를 제공하는 전략이 필요하다.

이처럼 동남아시아와 중국 시장은 높은 성장 가능성과 전략적 진출의 장점이 있어, 한국 회사가 캐릭터 사업을 확장하는 과정에서 가장 매력적인 시장으로 평가된다.

1) 중국

중국은 현지 파트너와의 협력이 무엇보다 중요한 시장이다. 중국 시장에 진입할 때는 현지 파트너와 협력해 문화적 이해도를 높이고, 현지 시장에 맞는 콘텐츠를 개발하는 것이 중요하다.

텐센트(Tencent), 알리바바(Alibaba)와 같은 대형 온라인 플랫폼을 통해 캐릭터와 콘텐츠를 홍보할 수 있다.

특히 위챗(Wechat)과 같은 소셜 미디어 활용이 필수적이다. 중국의 다양한 애니메이션 및 콘텐츠 전시회에 참가하여 바이어와 네트워크를 형성하는 것도 좋은 방법이다.

중국의 캐릭터 시장은 빠르게 성장하고 있으며, 특히 젊은 세대와 어린이를 대상으로 한 콘텐츠 수요가 높다. 또한 판권 및 라이선스 계약이 활성화되어 있어, 경쟁력 있는 캐릭터라면 성공할 가능성이 크다.

다만 시장이 큰 만큼 불법 도용도 많은 편이다. 그러나 현재 중국은 국가적으로 불법 도용을 방지하는 정책을 강화하고 있고, 해외 IP라고 해서 자국 회사를 일방적으로 보호하는 일은 거의 없어졌으므로 도용당했을 시 법적인 도움을 받을 수 있다.

2) 대만

대만 시장에 맞게 캐릭터와 스토리를 현지화하여 접근하는 것이 중요하다. 대만의 문화와 취향을 반영한 캐릭터 디자인이 필요하다. 대만에서 열리는 애니메이션 및 캐릭터 관련 전시회에 참여해 바이어를 만날 기회를 갖는 것이 효과적이다. 페이스북, 인스타그램 등 SNS를 활용해 캐릭터를 홍보하고, 팬 커뮤니티를 형성하는 것도 효과적이다.

대만의 문화는 언어와 역사가 같은 중국보다 오히려 일본과의 유사성이 높다. 덕분에 애니메이션과 캐릭터 콘텐츠에 대한 수요가 높다. 특히 귀엽고 독창적인 캐릭터가 인기를 끌며, 다양한 상품화 가능성이 존재한다.

한국과 마찬가지로 크리에이터 캐릭터 시장도 활발하게 성장 중이므로 현지 파트너사를 정해 서로 양국의 에이전시 역할을 하면서 캐릭터를 발전시킬 수 있을 것이다.

대만의 대표적인 콘텐츠 전시인 크리에이티브 엑스포(Creative Expo)도 추천한다.

3) 인도네시아

인도네시아는 다양한 문화가 공존하는 나라이므로, 각 지역의 문화적 특성을 고려한 캐릭터를 개발하는 것이 중요하다.

쇼피(Shopee), 토코피디아(Tokopedia)와 같은 온라인 플랫폼을 통해 제품을 판매하고, 마케팅을 진행할 수 있다. 애니메이션 및 캐릭터 관련 현지 행사에 참여해 바이어나 소비자와의 직접적인 접점을 만드는 것도 유용하다.

인도네시아는 어린이 콘텐츠에 대한 수요가 높으며, 저가의 캐릭터 상품이 인기를 끌고 있다. 또한 현지화된 스토리와 캐릭터 디자인이 성공 사례로 이어지고 있다.

인구가 3억 명 가까이 되는 인도네시아는 출산율도 높아 캐릭터 시장의 차기 대형 마켓이 될 확률이 높다. 언어가 말레이시아와 유사해 말레이시아에서 유행하는 것은 대부분 인도네시아에서도 동시에 유행하는 편이므로 두 시장을 함께 공략하는 전략이 중요하다.

4) 태국

태국의 문화와 시장에 맞는 콘텐츠를 제작하기 위해서는 현지 파트너와 협력하는 것이 효과적이다.

태국에서는 라인(LINE), 페이스북(Facebook) 등 소셜 미디어를 활용해 마케팅을 진행하는 것이 중요하다. 태국의 애니메이션 관련 전시회 및 마켓에 참가해 바이어와 직접 만나는 기회를 가지는 것이 필요하다.

태국은 애니메이션과 캐릭터 관련 콘텐츠에 관한 관심이 높아, 특히 어린이 대상 콘텐츠가 인기를 끌고 있다. 또한 저렴한 가격대의 캐릭터 상품이 선호된다.

5) 말레이시아

다양한 민족이 공존하는 말레이시아에서는 여러 문화적 요소를 반영한 캐릭터 디자인이 필요하다.

쇼피, 라자다(Lazada)와 같은 플랫폼을 통해 캐릭터 상품을 유통하고 홍보하는 것이 중요하다. 애니메이션과 캐릭터 관련 행사에 참여해 현지 바이어 및 소비자와의 네트워크를 구축하는 것이 효과적이다.

말레이시아는 어린이와 가족을 대상으로 한 콘텐츠 수

요가 많으며, 다양한 민족의 문화를 반영한 독창적인 캐릭터가 인기를 끌고 있다. 또한 최근 몇 년간 애니메이션 콘텐츠에 대한 투자가 증가하고 있다.

그 밖에도 베트남 역시 급속하게 커지는 캐릭터 시장 중 하나다. 성공적인 해외 진출을 위해서는 현지 파트너사 발굴이 중요하고, 각국의 문화적 특성을 고려한 캐릭터 수정, SNS를 활용한 팬베이스 구축, 라이선싱 전시회 적극 참가, 디지털 콘텐츠(스티커, 이모티콘)로 시작하여 실물 상품으로 확장하는 일반적인 전략을 통해 진출하는 것이 중요하다.

3. 캐릭터 시장 조사: 일본 도쿄

캐릭터 라이선스 사업을 성공적으로 운영하기 위해서는 체계적인 시장 조사가 필수적이다. 시장 조사를 통해 연령대별, 성별별 선호도를 파악하고 현재의 시장 규모와 향후 성장 가능성을 분석할 수 있다. 또한 주요 경쟁사들의 전략과 성공 사례를 학습해 적절한 가격 전략을 수립하고, 효과적인 유통 채널을 발굴하는 데 도움을 받을 수 있다. 특히 캐릭터 산업은 트렌드의 변화가 빠르고 소비자의 취향이 세분화되어 있어 지속적인 시장 모니터링이 중요하다.

오프라인 시장 조사는 온라인에서는 파악하기 어려운 중요한 정보를 제공한다. 소비자들의 실제 구매 행동을 직접 관찰할 수 있고, 제품에 대한 즉각적인 반응과 피드백을 수집할 수 있다. 매장 내 진열 방식에 따른 소비자들의 관심도 차이를 확인할 수 있으며, 경쟁사 제품의 실제 품질과 마감을 직접 비교할 수 있다는 장점이 있다. 상품의 배열이나 구성 등의 VMD(Visual Merchandising, 비주얼 머천다이징) 요소를 한국과 비교 · 참고하는 것도 중요하다.

또한 유통업체들과의 관계를 구축하는 데도 큰 도움이 된다. 최근에는 온라인 쇼핑이 증가하는 추세지만, 캐릭터 상품의 경우 실물의 퀄리티와 크기, 소재감 등이 구매 결정에 중요한 요소로 작용하기 때문에 오프라인 조사의 필요성은 여전히 크다.

일본의 캐릭터 시장은 여러 가지 특징적인 면을 보여준다. 헬로키티나 도라에몽과 같은 캐릭터가 수십 년간 인기를 유지하며 세대를 아우르는 브랜딩에 성공했다. 특히 키덜트 문화의 발달로 인해 성인층까지 주요 소비자로 포함하고 있으며, 연령에 따라 차별화된 상품을 개발하고 있다.

식품, 패션, 가전 등 다양한 산업과의 컬래버레이션을 통한 크로스 마케팅이 활발하며, 한정판 상품을 통해 희소

가치를 창출하고 있다. 이러한 전략은 단순히 캐릭터의 인지도를 높이는 것을 넘어 브랜드 가치를 제고하고 새로운 수익 모델을 창출하는 데 기여한다.

또한 일본에서는 지역 관광과 연계한 로컬 캐릭터를 개발해 지역 경제 활성화에 활용하고 있으며, 팬아트와 동인 문화 등 2차 창작에 대해 유연한 접근을 보이고 있어 팬덤 형성에도 긍정적인 영향을 미치고 있다. 특히 쿠마몬과 같은 지역 캐릭터의 성공 사례는 캐릭터를 통한 지역 브랜딩의 가능성을 보여 준다. 2차 창작 문화에 대한 포용적인 태도는 팬들의 자발적인 참여를 유도하고, 이는 다시 캐릭터의 생명력을 연장하는 선순환을 만들어 낸다.

이러한 일본의 성공 사례는 한국의 캐릭터 라이선스 사업자들에게도 좋은 참고가 될 수 있다. 다만 이를 그대로 모방하기보다는 한국 시장의 특성과 문화적 차이를 고려한 현지화 전략이 필요하다. 특히 한국의 경우 디지털 플랫폼 활용도가 높고 소셜 미디어를 통한 트렌드 전파가 빠르다는 점을 고려해야 한다. 또한 한국 소비자들의 높은 품질 기준과 빠른 트렌드 변화에 대응할 수 있는 민첩한 상품 개발 및 마케팅 전략이 요구된다.

일본 캐릭터 시장 조사를 위해 꼭 들러야 할 주요 장소들을 도쿄 지역을 중심으로 설명하고자 한다. 도쿄에서 캐릭터 시장 조사를 하려면 다양한 캐릭터 관련 콘텐츠와 상품들이 모여 있는 장소를 방문하는 것이 중요하다. 일본은 캐릭터 산업이 매우 발달해 있어서, 도쿄 내 여러 곳에서 시장의 최신 동향과 트렌드를 파악할 수 있다.

1) 아키하바라

아키하바라(Akihabara)는 일본 오타쿠 문화의 중심지로, 애니메이션, 만화, 게임 관련 캐릭터 상품이 집중된 대표적인 상권이다. 각종 피규어, 굿즈, 코스프레 용품 등 캐릭터 관련 상품 전반을 접할 수 있다. 대형 전자 상점과 서브컬처 상품들이 함께 있어, 일본 캐릭터 시장의 트렌드를 파악하기에 매우 유리한 곳이다.

추천 장소로는 캐릭터 피규어와 굿즈를 판매하는 애니메이트 본관 및 별관(구 아키바 걸스 스테이션)을 들 수 있다. 만다라케, 고토부키야 등에는 각종 피규어 전문점이 입점해 있다.

2) 하라주쿠

하라주쿠(Harajuku)는 젊은이들의 패션과 트렌드 문화가 밀집한 지역으로, 패션과 결합된 캐릭터 상품을 조사하기에 좋은 장소다. 특히 일본의 패션 브랜드와 캐릭터가 컬래버레이션한 제품을 많이 볼 수 있다. 캐릭터가 라이프스타일과 패션에 어떻게 녹아드는지 관찰할 수 있다.

추천 장소로는 키디랜드(Kiddy Land)를 들 수 있다. 다양한 캐릭터 상품을 한곳에서 볼 수 있는 대형 캐릭터 매장, 인기 캐릭터 제품이 집중되어 있어 최신 캐릭터 트렌드를 살펴보기 좋다. 지하를 포함한 전 5개 층이 모두 캐릭터 상품으로 구성되어 있다. 또한 토이 스토어에는 여러 층에 걸쳐 최신 캐릭터 완구와 상품이 전시되어 있다.

3) 오다이바

오다이바(Odaiba)는 캐릭터 관련 전시와 테마파크가 집중된 지역이다. 일본의 인기 캐릭터들이 실물 크기로 전시된 곳들을 방문할 수 있어, 현지 소비자들이 캐릭터를 어떻게 경험하고 소비하는지 관찰할 수 있다.

추천 장소로는 다이버시티 도쿄 플라자가 있다. 이곳은 건담 프런트로 유명하며, 실물 크기의 건담 상징물을 볼 수 있다. 레고랜드 디스커버리 센터에서는 캐릭터를 테마로 한 다양한 전시와 체험을 즐길 수 있다.

3) 도쿄 디즈니랜드 & 디즈니씨

도쿄 디즈니랜드(Tokyo Disneyland)와 디즈니씨(DisneySea)는 일본에서 글로벌 캐릭터 브랜드가 어떻게 현지화되고 소비되는지를 파악할 수 있는 좋은 장소다. 도쿄 디즈니랜드에서는 전 세계적으로 유명한 캐릭터들이 일본 문화에 맞게 현지화된 방식을 살펴볼 수 있다.

디즈니 캐릭터 굿즈 상점에서는 캐릭터의 테마로 이루어진 다양한 상품을 관찰할 수 있다. 또한 디즈니 파크 경험을 통해 캐릭터와의 상호 작용, 소비자들이 어떻게 캐릭터와 관계를 맺는지를 볼 좋은 기회가 된다.

4) 도쿄 캐릭터 스트리트

도쿄 캐릭터 스트리트(Tokyo Character Street)는 JR 도쿄역 지하에 위치한 캐릭터 전문 상점 거리로, 여러 인기 캐릭터 상점이 모여 있는 장소다. 일본의 인기 캐릭터부터 글로벌 캐릭터까지 다양한 캐릭터 브랜드를 한곳에서 볼 수 있어, 시장 트렌드를 파악하기에 매우 유리하다.

추천 상점으로는 포켓몬 센터가 있으며, 포켓몬 굿즈를 관찰할 수 있다. 그 밖에도 도라에몽, 헬로키티, 스누피 등 인기 캐릭터 전문 상점이 모여 있어 한 번에 쇼핑이 가능하다.

5) 산리오 퓨로랜드

산리오 캐릭터의 성지라 불리는 산리오 퓨로랜드(Sanrio Puroland)는 헬로키티, 마이멜로디, 폼폼푸린 등의 산리오 캐릭터들을 테마로 한 놀이공원이다. 일본의 대표 캐릭터 브랜드 산리오가 캐릭터를 테마파크로 확장해 비즈니스를 운영하는 방식을 파악할 수 있다.

이곳에서는 라이브 쇼와 상호 작용 프로그램을 통해 소비자들이 캐릭터와 교감하는 과정을 살펴볼 수 있다.

6) 롯폰기힐스

롯폰기힐스(Roppongi Hills)는 고급 쇼핑몰과 문화 공간이 밀집한 지역으로, 캐릭터 전시회 및 팝업 스토어가 자주 열린다. 캐릭터의 예술적이고 고급스러운 상품화 사례를 살펴보기 좋다. 특히 기획 전시회나 팝업 상점을 통해 최신 캐릭터 트렌드를 확인할 수 있다.

이런 장소들은 일본의 캐릭터 문화와 트렌드를 심도 있게 조사하고 분석할 수 있는 핵심적인 곳이다.

4. 캐릭터 시장 조사: 미국 라스베이거스

1) 캐릭터 숍

미국의 캐릭터 시장은 세계에서 가장 큰 규모를 자랑하며, 다양한 소비자층을 타깃으로 한 캐릭터 라이선스와 상품화가 활발하게 이루어지고 있다. 특히 영화, TV 쇼, 만화, 게임 등 다양한 미디어를 통해 인기를 끌고 있는 캐릭터들이 큰 비중을 차지하고 있으며, 그중 디즈니, 마블, DC 코믹스, 닌텐도, 해즈브로 등의 캐릭터들이 전 세계적으로 높은 인지도를 가지고 있다. 캐릭터 라이선스 시장은 장난감, 의류, 액세서리, 가정용품 등 다방면에 걸쳐 있고, 팬덤 문화를 기반으로 한 컬렉터 아이템의 수요도 크다.

미국 내 주요 캐릭터 관련 산업은 주로 뉴욕, 로스앤젤레스, 라스베이거스, 샌디에이고 등지에서 활발히 이루어지며, 매년 열리는 대형 전시회인 라이선싱 엑스포는 전 세계 캐릭터 산업 관계자들이 모여 라이선싱 계약을 논의하고 트렌드를 파악하는 중요한 행사다. 필자도 여러 차례 방문한 적이 있는 흥미롭고 유익한 전시다. 이 전시는 뉴욕 시대를 거쳐 현재는 미국의 라스베이거스에서 개최 중이다. 기왕 전시를 보러 갔으면, 라스베이거스에 있는 다른 오프라인 숍도 돌아보는 것이 시장 조사에 도움이 된다.

라스베이거스에서 시장 조사를 하기에 적합한 캐릭터 숍 몇 곳을 추천하면 다음과 같다.

(1) **캡파 토이즈**

라스베이거스의 패션쇼몰(Fashion Show Mall)에 위치한 캡파 토이즈(Kappa Toys)는 다양한 캐릭터 굿즈와 장난감을 판매하는 곳이다. 레트로 감성의 장난감부터 최신 트렌드의 캐릭터 상품까지 폭넓은 상품을 다루며, 소규모 숍이지만 다양한 캐릭터 라이선스 제품을 볼 수 있다.

(2) 토이 섁

프리몬트 스트리트에 위치한 토이 섁(Toy Shack)은 빈티지 장난감과 함께 다양한 캐릭터 피규어를 판매하는 곳으로, 특히 컬렉터들에게 인기가 높다. 캐릭터 상품과 관련된 소비자 선호도를 파악하기에 적합한 장소다.

(3) 팝 섁

라스베이거스의 미라클마일숍스(Miracle Mile Shops) 내에 위치한 팝 섁(Pop Shack)은 팝 컬처 관련 캐릭터 굿즈를 많이 다루는 상점으로, 특히 판코 팝(Funko Pop) 피규어를 비롯한 다양한 캐릭터 제품을 구매할 수 있다.

이 외에도 라스베이거스의 대형 쇼핑몰이나 관광지를 방문하면 많은 캐릭터 상품을 만나 볼 수 있으니, 다양한 상점을 둘러보며 미국 캐릭터 시장의 트렌드를 분석하는 것이 좋다.

2) 글로벌 브랜드 숍

미국에서는 대형 프랜차이즈 IP를 제외한, 소위 캐릭터라는 브랜드 IP의 경우 아직까지는 서브컬처로 분류되므로 숍의 크기가 작아 실망하는 사람도 있을 것이다. 그런 사람들은 아래의 브랜드 숍을 방문해 보길 권한다.

라스베이거스에는 코카콜라처럼 글로벌 브랜드가 운영하는 특별한 브랜드 숍이 많이 있으며, 브랜드 고유의 정체성과 다양한 캐릭터, 상품을 체험할 수 있다. 이런 숍들은 소비자 경험과 브랜딩 전략을 직접 체험하면서 시장 조사를 하기 좋은 장소다. 라스베이거스에서 추천할 만한 대표적인 브랜드 숍은 다음과 같다.

(1) 코카콜라 스토어

라스베이거스 스트립(Las Vegas Strip)의 하먼 코너(Harmon Corner)에 위치한 코카콜라 스토어(Coca-Cola Store)는 브랜드의 역사와 문화를 경험할 수 있는 곳으로, 코카콜라의 다양한 글로벌 상품을 만나 볼 수 있다. 코카콜라 캐릭터를 활용한 굿즈부터 의류, 액세서리, 기념품 등을 판매하며, 브랜드의 상징인 북극곰과 사진을 찍을 수 있는 포토 존도 있다. 전 세계의 다양한 코카콜라 음료를 시음해 볼 수 있는 '세계의 맛(Tastes of the World)'도 인기다.

(2) 엠앤엠즈 월드

라스베이거스 스트립의 코카콜라 스토어 근처에 있는 엠

앤엠즈 월드(M&M's World)는 다양한 M&M 캐릭터를 테마로 한 굿즈와 초콜릿을 만날 수 있는 곳이다. 4층 규모의 이 스토어는 방문객들에게 독특한 경험을 제공하며, 자신만의 M&M 초콜릿을 맞춤 제작하거나 다양한 테마의 기념품을 구매할 수 있다. 브랜딩과 캐릭터 활용을 체험하기에 매우 좋은 공간이다.

(3) 허쉬 초콜릿 월드

뉴욕뉴욕호텔 & 카지노(New York-New York Hotel & Casino)에 위치한 허쉬 초콜릿 월드(Hershey's Chocolate World)는 초콜릿과 관련된 모든 것을 체험할 수 있는 공간이다. 허쉬 브랜드의 다양한 제품과 기념품을 판매하며, 초콜릿과 함께 허쉬 키스, 리세스, 트윙클 등 허쉬 브랜드의 캐릭터들이 등장하는 다양한 상품도 만나 볼 수 있다. 소비자 맞춤형 초콜릿도 제작할 수 있다.

(4) 하드 록 카페

조금 성격은 다르지만 브랜드 상품으로 유명한 하드 록 카페(Hard Rock Cafe)에 가서 맥주 한잔을 즐기며 다양한 브랜드 상품을 구경할 수 있다. 하드 록 카페는 단순한 레스토랑 이상의 공간으로, 록 음악과 관련된 기념품과 의류를 판매하는 매장이 함께 있다. 하드 록 카페 브랜드의 고유한 정체성과 함께 전 세계 록 팬들을 겨냥한 컬렉터 아이템들이 많이 있으며, 브랜드의 아이덴티티를 반영한 상품을 살펴볼 수 있다.

(5) 헬로키티 카페

더 파크 라스베이거스(The Park Las Vegas)에 위치한 헬로키티 카페(Hello Kitty Cafe)는 헬로키티와 관련된 디저트와 음료를 제공하는 귀여운 카페로, 다양한 헬로키티 캐릭터 상품도 판매한다. 헬로키티의 상징적인 캐릭터를 활용한 브랜딩과 소비자 경험을 결합한 좋은 사례다.

이와 같은 브랜드 숍은 단순히 제품을 판매하는 공간을 넘어서 브랜드의 정체성과 소비자 경험을 중요시하는 트렌드를 반영하고 있다. 따라서 시장 조사와 함께 캐릭터와 브랜드의 결합 방식, 소비자와의 소통 전략 등을 배우기 좋은 장소다.

5. 온라인을 활용한 해외 캐릭터 시장 조사 방법

캐릭터 산업에서 성공적인 비즈니스를 실현하기 위해서는 시장 조사가 필수적이다. 특히 해외 캐릭터 시장의 흐름을 파악하려면 신뢰할 수 있는 정보를 꾸준히 수집하고 분석해야 한다. 온라인을 활용하면 다양한 정보를 손쉽게 접할 수 있으며, 다음과 같은 방법을 통해 해외 캐릭터 시장을 조사할 수 있다.

1) 한국콘텐츠진흥원 사이트 활용

한국콘텐츠진흥원(KOCCA)은 국내외 콘텐츠 산업의 동향을 파악할 수 있는 다양한 보고서와 자료를 제공한다. 특히 각국의 에이전트들이 정기적 또는 비정기적으로 업로드하는 정보가 유용하다. KOCCA의 공식 홈페이지에서 '해외시장동향', '산업보고서' 등을 검색하면 해외 캐릭터 시장의 트렌드를 분석하는 데 도움이 되는 자료를 찾을 수 있다.

KOCCA에서 제공하는 보고서는 대체로 신뢰도가 높으며, 정부나 민간 기업에서도 활용하는 경우가 많다. 특히 콘텐츠 수출 동향, 글로벌 트렌드, 특정 국가의 라이선스 시장 분석 등의 자료는 해외 시장 진출을 고려하는 기업들에게 큰 도움이 된다. 또한 KOCCA에서는 해외 전시회 정보와 참가 지원 사업도 공지하므로, 이를 활용하면 직접 글로벌 시장을 조사하는 기회를 얻을 수 있다.

2) 브랜드 및 애니메이션 관련 전문지 구독

해외 캐릭터 시장의 흐름을 파악하려면 브랜드 및 애니메이션 관련 전문지를 구독하는 것이 좋다. 다음과 같은 해외 전문지는 캐릭터 라이선스 및 애니메이션 시장에 대한 심층적인 정보를 제공한다.

- ≪토털 라이선싱(Total Licensing)≫(미국): 글로벌 라이선스 산업을 다루며, 캐릭터뿐만 아니라 브랜드 라이선싱 전반에 대한 분석 제공.
- ≪라이선스 글로벌(License Global)≫(미국): 미국과 유럽 시장을 중심으로 한 주요 캐릭터 및 브랜드 라이선스 트렌드 보도.
- ≪라이선싱 매거진(Licensing Magazine)≫(이탈리아): 유럽 시장에 특화된 라이선스 뉴스 및 트렌드 제공.
- ≪애니메이션 매거진(Animation Magazine)≫: 애니메이션 업계의 최신 소식, 신작 애니메이션 정보, 제작사 인터뷰 등을 다룸.
- ≪콘텐트아시아(ContentAsia)≫: 아시아 콘텐츠 및 캐릭터 시장 관련 정보 제공.

이들 매체의 전자책(E-book)이나 온라인 기사를 통해 글로벌 캐릭터 라이선스 동향, 인기 IP, 시장 규모 등을 조사할 수 있다. 특히 ≪토털 라이선싱≫과 ≪라이선스 글로벌≫은 기업들의 라이선싱 계약 소식과 매출 규모에 대한 정보도 제공하므로, 해외 캐릭터 시장의 수익성과 성장 가능성을 분석하는 데 유용하다.

전문지를 구독할 때는 특정 분야에 집중하는 것이 좋다. 예를 들어, 애니메이션 기반 캐릭터 IP에 관심이 있다면 ≪애니메이션 매거진≫과 ≪콘텐트아시아≫를, 라이선스 비즈니스 자체에 집중하려면 ≪토털 라이선싱≫과 ≪라이선스 글로벌≫을 참고하는 것이 효과적이다.

3) 캐릭터 전문 회사 사이트 및 뉴스레터 활용

해외 캐릭터 시장을 조사할 때 주요 캐릭터 라이선스 회사들의 공식 웹사이트를 방문하는 것도 좋은 방법이다. 대표적으로 다음과 같은 회사들의 사이트를 참고할 수 있다.

- 산리오(Sanrio): 헬로키티, 마이멜로디 등 인기 캐릭터를 보유한 일본 대표 기업.
- 산엑스(San-X): 리락쿠마, 스밋코구라시 등 감성적인 캐릭터를 보유한 일본 회사.

이들 기업은 신제품 출시 소식, 라이선스 계약 정보, 마케팅 전략 등을 웹사이트와 정기 또는 비정기 뉴스레터를 통해 공개하므로, 해당 사이트에 가입해 이메일 뉴스레터를 구독하면 유용한 정보를 빠르게 얻을 수 있다.

또한 주요 캐릭터 라이선스 회사들은 글로벌 박람회 및 전시회 참가 일정도 자사 웹사이트를 통해 공지한다. 예를 들어, 라이선싱 엑스포(미국), 브랜드 라이선싱 유럽(영국) 등의 행사 정보가 웹사이트를 통해 제공되며, 이러한 전시회를 통해 새로운 캐릭터 IP 동향과 라이선스 계약 정보를 파악할 수 있다.

4) 소매 상품 사이트 분석

캐릭터 상품이 실제로 어떤 시장에서 어떻게 판매되고 있는지를 조사하려면 글로벌 온라인 소매 사이트를 활용하는 것이 효과적이다. 대표적인 해외 소매 사이트는 다음과 같다.

- 아마존(Amazon): 북미 시장에서 어떤 캐릭터 상품이 인기 있는지 분석 가능.
- 라쿠텐(Rakuten): 일본 내 캐릭터 상품 트렌드를 파악할 수 있음.

이들 사이트에서 '베스트셀러' 항목을 살펴보거나 특정

키워드로 검색해 인기 있는 캐릭터 상품의 종류, 가격대, 리뷰 등을 조사하면 해외 소비자들이 선호하는 캐릭터 및 트렌드를 분석하는 데 유용하다.

특히 아마존에서는 헬륨 10(Helium 10), 정글 스카우트(Jungle Scout) 같은 키워드 트렌드 분석 도구를 활용해 특정 캐릭터 상품의 판매량과 검색량을 데이터 기반으로 분석할 수 있다. 이를 통해 단순히 인기 캐릭터를 파악하는 데 그치지 않고 어떤 제품군이 지속적으로 높은 판매량을 유지하는지까지 분석할 수 있다.

라쿠텐에서는 일본 내 특정 캐릭터 브랜드가 어떻게 전개되고 있는지를 조사할 수 있으며, 일본 캐릭터 산업의 특성상 로컬 브랜드와 해외 브랜드 간의 차이를 분석하는 것도 가능하다.

5) SNS 및 커뮤니티 활용

최근에는 SNS와 온라인 커뮤니티를 활용해 캐릭터 시장 트렌드를 조사하는 것이 점점 중요해지고 있다. 다음과 같은 플랫폼을 적극적으로 활용할 수 있다.

- 인스타그램(Instagram): 주요 캐릭터 브랜드의 공식 계정 및 팬 커뮤니티를 통해 인기 캐릭터 및 굿즈 동향 파악.

- 엑스(X/구 Twitter): 일본 및 미국 시장의 실시간 캐릭터 트렌드 분석에 유용.
- 틱톡(TikTok): 캐릭터 관련 챌린지 및 유행 분석 가능.
- 레딧(Reddit) 및 디스코드(Discord): 특정 캐릭터 및 브랜드에 대한 소비자 반응 및 팬덤 문화 조사 가능.

SNS는 단순히 상품 판매 동향을 확인하는 데 그치지 않고 소비자들의 감성적 반응을 파악하는 데 도움이 된다. 또한 어떤 캐릭터가 '밈(Meme) 문화'에서 인기 있는지 분석할 수도 있다.

온라인을 활용한 해외 캐릭터 시장 조사는 다양한 경로를 통해 이루어질 수 있다. 한국콘텐츠진흥원의 산업 보고서, 해외 전문지, 캐릭터 전문 회사의 공식 사이트 및 뉴스레터, 글로벌 소매 사이트 분석, 그리고 SNS 및 온라인 커뮤니티 활용 등을 통해 신뢰할 수 있는 정보를 수집하고, 이를 종합적으로 분석하는 것이 중요하다.

지속적으로 트렌드를 모니터링하며 최신 정보를 업데이트하면 캐릭터 비즈니스에서 경쟁력을 확보할 수 있을 것이다. 또한 이러한 조사 결과를 활용해 새로운 캐릭터 IP를 개발하거나, 라이선스 계약을 체결할 때 유리한 협상 근거를 도출하는 것도 가능하다.

6. 해외 제작 캐릭터 상품의 한국 세관 통관 요건은?

(질문)

캐릭터 제작 사업을 하는 A사는 B사와 라이선스 계약을 체결했다. B사는 계약한 상품을 한국이 아닌 중국에서 만들어서 수입하려고 하는데, 이 과정에서 세관이 적법한 계약을 통한 정품임을 증빙하는 서류를 요청하는 경우가 있다.

이때 B사는 A사에게 어떤 서류를 요청해야 하고, A사는 무엇을 제공해야 하나?

(답변)

해당 상품이 적정한 라이선스 계약을 해서 제작되었음을 증빙하는 것은 무엇이든 가능하다. 예를 들어, 라이선스 계약서도 가능하고, A사의 확인서도 가능하다.

일반적으로 라이선스 계약서 전체를 제삼자에게 전달하는 것은 부담스러우므로 A사는 그림 5-1과 같은 확인서를 작성해 B사에 전달하는 것이 바람직하다. B사는 이 서류를 세관에 전달해 통관 절차를 진행하면 된다.

그림 5-1. 라이선스 확인증

[회사의 공문 레터헤드] 문서 제목: 라이선스 확인증(License Verification Certificate) 발행 일자: [발행 일자] 문서 번호: [문서 번호] 발행자 정보: 회사명: [A사의 회사명] 주소: [A사의 주소] 연락처: [A사의 연락처, 세관 문의 대응 가능 연락처] ◎ 라이선시 정보 회사명: [국내 B사의 제조사명] 주소: [국내 B사의 주소] 연락처: [국내 B사의 연락처] ◎ OEM 제조업체 정보 회사명: [중국 OEM 제조사명] 주소: [중국 OEM 제조사의 주소] 연락처: [중국 OEM 제조사의 연락처]

◎ 라이선스 제품 정보

제품명: [제품명]

모델 번호: [모델 번호]

HS 코드: [HS 코드]

제조 국가: 중국

◎ 라이선스 계약 정보

라이선스 계약 번호: [라이선스 계약 번호]

계약 체결 일자: [계약 체결 일자]

계약 만료 일자: [계약 만료 일자]

◎ 정품 인증 내용

본 문서는 상기 기재된 제품이 [한국 A사의 회사명]의 정품 라이선스하에 제작되었음을 인증합니다. 해당 제품은 중국 OEM 제조사인 [중국 OEM 제조사명]에서 생산되었으며, 한국의 [국내 B사]를 통해 정식 수입 및 유통됩니다.

◎ 추가 사항

이 문서는 중국 세관의 수출 허가 절차와 한국 세관의 수입 허가 절차에서 정품 인증서로 사용할 수 있습니다.

이 확인증은 [발행 일자]로부터 1년간 유효합니다.

서명 및 직인

발행자 서명: ____________________

발행자 직위: ____________________

발행자 직인: [회사 직인]

그림 5-1의 내용으로 작성해서 직인을 날인한 후 B사에 전달하면, 문제없이 통관이 가능할 것이다. 이 서류는 중국에서 수출 통관 시에도 필요한 경우가 있는데, 전체적인 수출입 절차를 더욱 명확하고 체계적으로 정리할 수 있다.

또한 그림 5-1의 서류와 같이 계약 기간 종료일과 서류의 유효 기간을 명시하여 기간이 지난 후 사용될 수 있는 위험을 줄이면 더 좋다.

06

많이 받는 질문들

캐릭터 라이선싱 현장에서 실제로 자주 발생하는 법적 · 비즈니스적 질문에 대한 명확한 해답을 제시한다. 상업 공간에서 캐릭터 인형을 전시하는 경우와 같은 일상적 문의부터, 해외 캐릭터 상품의 국내 재판매 가능성, 올림픽 마스코트와 같은 특수 캐릭터의 상품화 권한에 관한 문제까지 폭넓게 다룬다.

또한 국제 계약에서 발생할 수 있는 대금 지급 문제, 출처가 불분명한 캐릭터의 상품화 리스크, 비상업적 사용 요청에 대한 적절한 대응 방안을 제시한다.

이러한 실제 사례 기반의 Q&A를 통해 독자들은 캐릭터 라이선싱 분야에서 발생할 수 있는 다양한 상황에 대한 법적 해석과 실용적 대응 전략을 습득할 수 있다.

1. 우리 빵집에 뽀로로 인형을 장식할 수 있을까?

(질문)

빵집을 운영하는데, 어린이 손님들이 좋아하는 뽀로로 인형을 구입해 매장 진열장에 장식해 두어도 괜찮을까?

(답변)

많은 사람이 '내 돈 주고 인형을 샀으니 어떻게 사용할지는 자유'라고 생각하지만, 이는 잘못된 생각이다. 금전을 지불하고 상품을 구매하는 행위 자체는 법적으로 허용된 것이지만, 구매 이후의 사용 방식에는 법적인 제한이 있을 수 있다. 우리가 상품을 구매할 때 '최종 소비자'로서 구매하는 것이지, 이를 활용해 상업적 이익을 내는 것은 「저작권법」과 「상표법」 등의 위반 소지가 있기 때문이다.

일반적으로 매장에서 특정 캐릭터 인형을 활용하는 것은 단순한 개인 소장이 아니라, 상업적 용도로 간주될 가능성이 크다. 예를 들어, 뽀로로 인형을 매장 진열장에 두면 어린이 손님을 유치하는 홍보 효과가 발생할 수 있다. 이는 단순한 개인적 소비를 넘어 해당 캐릭터를 영업적인 목적으로 사용하는 것이므로 저작권자의 권리를 침해할 여지가 있다. 특히 뽀로로 같은 유명 캐릭터는 저작권 및 상표권이 엄격하게 보호되며, 권리자가 이를 문제 삼을 경우 법적 책임을 질 수도 있다.

비슷한 사례로 '헬로키티 원단'을 이용한 인형 옷이나 소품 제작 및 판매를 예로 들 수 있다. 원단 자체는 한국 내에서의 권리권자인 산리오코리아와 계약한 업체가 합법적으로 제작·판매하는 것이지만, 이를 활용해 2차 창작물을 제작해 판매하는 행위는 저작권 및 상표권 침해에 해당한다. 따라서 원단을 구매한 소비자는 개인적으로 사용해야 하며, 상업적 용도로 활용하면 불법이 된다. 온라인에서도 헬로키티 캐릭터를 활용한 무단 상품이 종종 보이지만, 이는 저작권자의 신고가 들어오면 즉시 판매 중지 조치가 취해진다.

산리오와 뽀로로의 저작권자인 아이코닉스와 같은 저작권을 관리하는 회사는 불법 사용을 지속적으로 단속하고 있으며, 저작권자가 이를 심각한 위반으로 판단할 경우 언제든지 민·형사상 절차를 진행할 가능성이 있다. 손해배상 청구 등의 법적 조치가 취해질 수 있으므로, 이러한 위험 부담을 감수하면서까지 매장에 뽀로로 인형을 전시하는 것은 바람직하지 않다.

결론적으로, 뽀로로 인형을 매장에 전시하는 것은 단순한 장식이 아니라 영업적 이용으로 해석될 수 있으며, 이는 저작권 및 상표권 위반 행위로 판단될 가능성이 크다. 모든 저작물은 구매자가 '최종 소비자'로서 사용해야 하며,

이를 상업적 용도로 활용하는 것은 법적 리스크가 크다는 점을 명심해야 한다.

2. 일본에서 헬로키티 상품을 구매해서 국내에서 팔 수 있을까?

(질문)

일본에서 귀여운 '헬로키티' 열쇠고리를 보았다. 이것을 수입해서 한국 매장에서 판매할 수 있을까?

(답변)

원칙적으로 가능하다. 이를 병행 수입이라고 한다. 병행 수입의 경우, 원칙적으로 상품권자의 동의 없이도 수입 및 판매가 가능하다. 하지만 여러 가지 조건이 붙는다. 그 조건은 다음과 같다.

첫째, 일본에서 적법하게 판매하는 상품일 것(짝퉁 상품이 아닐 것). 현지 일본에서 불법 상품이면 안 된다. 라이선스 권리를 허가받지 못한 상품이거나, 불법 유통 상품, 불법 복제품이 아니어야 한다.

둘째, 병행 수입 불가 상품이 아닐 것. 일부 상품의 경우, 한국 내 권리자가 해당 상품의 수입을 금지하는 경우도 있다. 꼭 그 나라에서만 판매돼야 하는 상품 같은 경우에 그렇다. 이 부분은 헬로키티와 같은 캐릭터 상품의 경우 한국 내 지사나 한국 마스터 라이선시에게 일단 문의해야 하지만, 이러한 상품은 드물다고 할 수 있다.

셋째, 정식 수입품일 것(관세 부가가치세 납부한 상품). 정식 수입 상품이어야 한다. 우리가 일반적으로 해외 현지의 점포에서 상품을 사는 경우는 개인적으로 사용하기 위한 것으로 일부 개인 상품에 대해 면세 혜택을 받은 것이다. 이를 되팔면 적법한 관세 및 부가가치세 등의 세금을 내지 않는 것이 된다. 그러므로 정식으로 타인에게 판매하기 위해서는 정식 수입 상품으로 세관 절차를 거쳐 관세 및 부가가치세를 내야 한다.

넷째, 국내 안전도 검사를 받을 것. 많은 상품에는 각 국가에서 정해 놓은 상품에 필요한 안전도 검사가 있을 수 있다. 봉제 인형, 완구 같은 어린이들이 사용할 여지가 있는 상품에는 더욱 까다로운 기준이 요구된다. 온라인 판매 시 이러한 서류를 요청하는 플랫폼도 있다. 그러므로 수입 시 이러한 안전도 검사와 같은 조건이 있을 수 있으며, 이를 지키지 않을 경우 수입이 불가능하다.

다섯째, 병행 수입 여부를 표기할 것. 상표권자와의 혼동을 방지하기 위해 병행 수입자는 소비자가 자신이 병행 수입된 상품을 구매하고 있다는 점을 명확히 알 수 있도록 해야 한다. 이를 통해 상표권자가 제공하는 정식 제품과 병행 수입 제품 간에 혼동을 방지할 수 있다.

상기 요건을 보면, 수입해서 판매는 가능하지만, 소비자 보호 측면에서의 의무 사항이 있다는 것을 알 수 있다. 이러한 소비자 보호 사항은 일반 상품을 판매할 때도 지켜야 할 판매자의 의무이므로 익숙할 것이다.

다만 이런 요건들로 인해 사실상 개인이 병행 수입을 진행하는 것은 어려우며 규모 있는 무역 회사를 통해 유통하는 방식이 일반적이다. 만일 이들로부터 상품을 공급받아 판매할 때는 꼭 상기와 같은 점을 인지하고 안전도 검사 서류, 수입 서류 등을 따로 확보하고 소비자나 관련 기관에서 관련 서류를 요청할 때 제시할 수 있어야 한다.

3. 올림픽 마스코트 호돌이 상품을 만들 수 있을까?

(질문)

1988년 올림픽 마스코트인 '호돌이'를 이용해 상품을 제작하고 싶다. 이것이 가능한지, 가능하다면 어떤 기관과 협의해야 할까?

(답변)

올림픽 게임 마스코트인 '호돌이'와 같은 캐릭터를 이용해 상품화 사업을 하는 것은 이론적으로는 가능하나 현실적으로 불가능하다. 그 이유는 다음과 같다.

(1) 저작권 및 상표권 보호

'호돌이'는 1988년 서울 올림픽을 위해 공식적으로 개발된 캐릭터로, 올림픽 조직위원회가 모든 권리를 가지고 있다. 저작권과 상표권은 해당 캐릭터를 무단으로 상업적으로 사용하는 것을 금지한다. 올림픽과 관련된 모든 상징(로고, 마스코트 등)은 국제올림픽위원회(IOC)의 지식 재산권이다.

따라서 이를 사용하고자 하는 경우에는 IOC나 그 대리인의 허가를 받아야 한다.

(2) 올림픽 기간 중 그 소유권과 사용 권한

마스코트는 IOC의 소유이지만, 올림픽 기간에는 관리권을 NOC(국가올림픽위원회) 및 그 하위 단체에 이관되어 사용할 수 있도록 한다. 대회가 진행되는 동안에는 해당 대회 조직위원회가 올림픽 마스코트를 관리한다.

예를 들어, 1988년 서울 올림픽에서는 서울올림픽조직위원회가 호돌이를 포함한 올림픽 상징물의 사용 및 상업적 권리를 관리했다. 조직위원회는 마스코트와 같은 상징물을 활용해 공식 기념품, 광고, 홍보를 진행할 수 있으며, 이를 통해 대회의 재정을 지원하기도 한다. 이러한 활동은 통상적으로 휘장(徽章) 사업이라고 부른다.

(3) 올림픽 종료 후

대회가 끝난 후에도 마스코트의 저작권과 상표권은 원주인인 IOC가 계속 보유한다. 그리고 기간 중 마스코트를 사용한 NOC는 그 관리 권한을 원주인인 IOC에 반납한다.

즉, 올림픽 마스코트는 올림픽이 끝난 후에도 상업적 · 비상업적 목적으로 사용될 경우 IOC의 허가가 필요하다. 올림픽이 끝난 후에도 마스코트는 올림픽 브랜드의 일부로 계속 보호되며, 마스코트와 관련된 모든 상업적 이용은 IOC의 승인 또는 라이선스 계약이 있어야만 가능하다. 그러나 이를 허가해 주는 것은 거의 불가능에 가깝다. 한국 NOC에 문의하더라도, 이미 대회가 종료된 상태에서는 더 이상 해당 마스코트에 대한 사용 권한을 갖고 있지 않으므로 허가를 받을 수 없다.

이러한 이유로 상업적이건 비상업적이건 만약 호돌이를 상품화하려면, IOC의 허가가 필요하다. 이러한 허가는 일반적으로 상업적 이용을 위해 엄격한 조건과 비용을 수

반하므로, 이를 진행하기는 현실적으로 불가능에 가까운 일이라 할 수 있다.

(4) 올림픽 마스코트 불법 사용

올림픽 지식 재산권 침해에 대해서는 「상표법」, 「부정경쟁방지법」 등의 일반적인 규제와 특별법 제정을 통한 규제가 있다. 많은 국가에서 올림픽 개최 시 특별법을 제정해 올림픽 관련 지식 재산을 보호하고 있다. 예를 들어, 미국의 「테드스티븐스올림픽및아마추어스포츠법(Ted Stevens Olympic and Amateur Sports Act)」과 한국의 「평창올림픽법」 등이 있다.

올림픽 마스코트나 올림픽 상징물을 불법적으로 사용해 법적 문제에 직면한 사례는 여러 건이 존재한다. IOC는 올림픽 상징물에 대한 엄격한 지식 재산권 보호 규정을 두고 있으며, 이를 침해하는 경우 법에 따른 제재를 받는다. 대표적인 사례는 다음과 같다.

2012년 런던 올림픽에서는 대회 마스코트와 로고가 무단으로 사용된 사건이 발생했다. 소규모 사업자들이 공식 라이선스를 취득하지 않고 올림픽 로고와 마스코트를 기념품, 의류, 장식품 등에 무단으로 사용한 사실이 적발되었다. 이에 런던 올림픽 조직위원회는 법적 조치를 통해 해당 상품의 판매를 금지했고, 일부 사업자에게는 벌금형이나 법적 처벌이 내려졌다. 런던 올림픽 기간 동안 저작권 침해를 방지하기 위해 매우 엄격한 규제가 시행되었다.

2008년 베이징 올림픽에서는 올림픽 상징물, 특히 마스코트인 '푸와(Fuwa)'가 무단으로 복제되어 상업적으로 판매된 사례가 다수 보고되었다. 중국 내에서 비공식적이고 불법적인 복제품이 생산되면서, IOC는 중국 당국과 협력해 불법 상품 판매를 차단하고 생산 업체에 법적 제재를 가했다. 여러 상점과 업체가 법적 처벌을 받았고, 불법 복제 상품이 압수되었다.

이처럼 이미 종료된 올림픽의 마스코트 사용은 현실적으로 불가능하다. 이는 마치 사용 완료된 마스코트를 장식장에 넣고 문을 잠그는 느낌이다. 앞으로는 이러한 과거 마스코트들도 상품화가 될 수 있는 길이 열리기를 기대한다.

4. 캐릭터를 수출했는데 왜 계약금 전액이 입금되지 않을까?

(질문)

대만에 캐릭터를 수출했다. 10,000달러에 계약했는데 8,000달러만 입금돼서 수입자에게 물어보니, 2,000달러는 세금으로 냈다고 한다. 무슨 세금인가?

(답변)
수출자가 캐릭터와 같은 무형 자산을 수출하고 상대 수입자가 사용 대금을 지불할 때, 2,000달러를 세금으로 차감한 이유는 원천 징수세(withholding tax) 때문이다. 원천 징수란 해외에서 이익을 얻는 외국 기업(이번 경우는 수출자)에 지급하는 대금에서 그 국가가 법인세나 소득세를 미리 징수하는 제도다.

해당 국가에는 외국 기업이 자국에서 수익을 올릴 때 그 수익에 대한 세금을 자국 정부에 납부해야 하는 규정이 있다. 이를 바이어가 대금을 지불할 때 미리 공제하고, 나머지 금액을 수출자(셀러)에게 지불하는 방식이다.

이번 사례의 경우, 계약 금액이 10,000달러였으나 바이어가 2,000달러를 현지에서 세금으로 납부했기 때문에, 나머지 8,000달러만 입금된 것이다.

(1) 원천 징수와 관련된 주요 사항
세율은 각 나라의 법인세율 또는 원천 징수세율에 따라 다르며, 일반적으로 수익의 10%에서 30% 사이일 수 있다. 예를 들어, 2024년 기준 대만은 20%, 일본은 20%, 미국은 30%, 캐나다는 25%가 원천 징수세율이다. 세율은 그 조건과 대상 국가에 따라 바뀔 수 있으므로 수출 시점의 세율을 바이어에게 확인해야 한다.

국가 간에는 이중 과세를 방지하기 위해 조세 조약을 맺는 경우가 있다. 해당 국가와 조세 조약이 체결되어 있다면 세율이 낮아질 수 있으며, 해당 세금을 납부한 증빙을 통해 자국에서 세금 공제(또는 환급)를 받을 수 있다.

따라서 수출 거래 시 원천 징수에 대한 세율과 절차를 미리 파악하고, 조세 조약 여부에 따라 대응할 필요가 있다.

(2) 공제 금액 계산

예를 들어, 바이어 국가에서 2,000달러를 원천 징수한 경우, 그 금액에 대해 한국에서 외국 납부 세액 공제를 신청할 수 있다. 다만 공제받을 수 있는 금액은 한국에서 해당 수익에 부과하는 세금의 범위 내에서만 가능하다. 즉, 한국에서 이 거래로 인한 소득세 또는 법인세가 1,500달러라면, 최대 1,500달러까지 공제받을 수 있고, 나머지 500달러는 공제받지 못한다.

(3) 공제 절차

국세청 홈택스를 통해 소득세 또는 법인세 신고를 할 때, 외국 납부 세액 공제를 위한 항목을 선택하고, 필요한 증빙 서류를 첨부하여 신고한다.

이때 외국 납부 세액 공제 신청서를 작성하고, 상대국에서 납부한 세금의 증빙 자료(세금 납부 영수증, 원천 징수 명세서 등)를 제출해야 한다. 이후 국세청에서 검토 후 공제 가능 여부를 확정한다.

따라서 바이어의 국가에서 원천 징수된 세금을 증빙할 수 있다면, 한국에서 세금 공제를 받을 수 있으며, 공제받을 수 있는 금액은 한국에서 내야 할 세금 범위 내에서 이루어진다.

5. 주인을 모르는 캐릭터를 상품화할 수 있을까?

(질문)

A라는 완구 회사는 예전에 나온 애니메이션 B의 상품화 사업을 하려고 하는데, B의 상품화를 담당하는 회사를 찾기가 어려웠다. 이 경우 꼭 상품화를 통해 상품을 만들고 싶다면 어떻게 해야 하는가?

(답변)

(1) 캐릭터 사용을 위한 공탁 제도

저작권자의 신원을 알 수 없는 캐릭터를 상품화하려는 경우, 공탁 제도를 활용해 합법적으로 사용할 수 있다. 공탁 제도는 저작권자의 권리를 보호하면서도 제삼자가 저작물을 사용할 수 있도록 허용하는 법적 절차로, 일정한 사용료를 공탁 기관에 예치함으로써 저작권자의 이익을 보전하면서도 저작물을 이용할 수 있는 방법이다.

이 제도의 취지는 저작권자가 존재하지만 연락이 닿지 않거나 신원을 특정할 수 없는 경우에도 창작물의 활용을 가능하게 하여, 창작물을 기반으로 하는 사업 활동이 원활하게 이루어지도록 하는 것이다. 하지만 공탁을 했다고 해서 무조건적인 저작물 사용 권한을 얻는 것은 아니며, 이후 권리자가 나타날 경우 법적 분쟁이 발생할 수도 있다. 따라서 공탁을 진행하기 전에는 반드시 충분한 사전 조사를 통해 법적 절차를 철저히 따르는 것이 중요하다.

(2) 저작권자 확인을 위한 사전 조사

공탁을 진행하기 전에는 저작권자 또는 권리자를 찾기 위한 철저한 조사가 필수적이다. 이는 단순한 형식적 절차가 아니라 실제로 저작권자가 존재하는 경우 무단 사용으로 인해 법적 책임을 질 가능성이 있기 때문이다.

저작권위원회(https://www.copyright.or.kr)에서 해당 캐릭터가 저작권 등록이 되어 있는지 조회할 수 있다. 또한 특허청(https://www.kipo.go.kr)에서 상표권 등록 여부를 확인하는 것도 중요하다. 저작권이 등록되어 있지 않더라도, 원저작자가 보호받을 권리는 존재할 수 있으므로 신중한 검토가 필요하다.

만일 캐릭터가 과거에 사용된 사례가 있다면, 이를 기반으로 원제작사나 배급사, 라이선스를 관리하는 기업을 추적할 수 있다. 애니메이션, 만화, 게임 등에 등장한 캐릭터라면 해당 작품의 제작사나 퍼블리셔를 찾아볼 필요가 있다.

또한 한국저작권위원회나 콘텐츠 관련 협회(예: 한국애니메이션산업협회, 한국캐릭터문화산업협회 등)에 문의하여 캐릭터의 권리자 정보를 얻을 수 있는지 확인해야 한다.

해당 캐릭터가 과거에 라이선스 계약을 맺고 상업적으로 사용된 적이 있다면, 해당 계약을 체결한 기업이 권리를 보유하고 있을 가능성이 있다. 이러한 정보를 확인하기 위해서는 법률 전문가의 도움이 필요할 수도 있다.

이상의 절차를 거친 후에도 저작권자의 정보를 찾을 수 없는 경우, 공탁을 진행하는 것이 합법적인 방법이 될 수 있다.

(3) 공탁 신청 절차

공탁을 진행하려면 법원 또는 공탁소에 공탁 신청을 해야 하며, 다음과 같은 절차를 따라야 한다.

우선 해당 캐릭터의 저작권자를 찾기 위해 노력했다는 점을 입증해야 한다. 이에 따라 다음과 같은 증빙 자료를 준비해야 한다.

- 저작권자 탐색 과정 및 결과(예: 한국저작권위원회 검색 결과, 특허청 조회 결과, 협회 및 유통사 문의 내역)
- 캐릭터가 실제로 상업적으로 사용된 사례 및 유사 사례 분석
- 공탁 사유서(저작권자를 찾을 수 없는 이유를 명확히 기재)
- 저작권 사용료 산정 및 공탁금 결정 근거

공탁을 하려면 저작권 사용료에 해당하는 금액을 산정해야 한다. 이 금액은 보통 라이선스 시장에서 거래되는 캐릭터 사용료를 기준으로 결정된다. 일반적으로 캐릭터 라이선스 시장에서 사용되는 계약 기준을 참고하며, 전문가 감정 의견서를 첨부하는 것이 바람직하다.

유사한 사례의 라이선스 계약 비용을 조사해 이를 근거로 산정할 수도 있다. 만일 저작권자의 요구가 있을 경우, 해당 공탁금은 저작권자에게 지급된다.

공탁 신청서에는 공탁자의 인적 사항, 공탁 사유, 캐릭터 사용 목적과 범위를 명확히 기재해야 한다. 작성 후 법원 또는 공탁소에 제출한 후 공탁금을 납부해야 한다.

공탁 후에는 일정 기간 동안 공고 절차를 진행하여, 권리자가 존재할 경우 이의를 제기할 기회를 제공해야 한다. 공고 기간이 지나고도 권리자가 나타나지 않으면 캐릭터 사용이 가능해진다.

(4) 공탁 후 유의 사항

첫째, 공탁을 완료하더라도 몇 가지 유의해야 할 사항이 있다. 공탁 이후에도 저작권자가 나타나 사용 중지를 요구하거나 법적 조치를 취할 가능성이 있다. 이 경우 협의를 통해 해결해야 하며, 최악의 경우 법적 분쟁으로 이어질 수도 있다.

둘째, 저작권과 상표권은 별개의 권리이므로 해당 캐릭터가 상표권으로 등록되어 있는 경우, 공탁과 관계없이 상표권자의 허락을 받아야 한다. 이를 확인하지 않으면 상표권 침해로 인해 법적 분쟁이 발생할 수 있다.

셋째, 동일한 캐릭터가 해외에서 저작권 보호를 받고 있는지 확인해야 한다. 국제적으로 보호되는 경우 해외 저작권자와 별도로 협의해야 하며, 이를 무시할 경우 해외 시장에서 소송이 발생할 가능성이 있다.

넷째, 공탁금을 납부하고 사용을 하더라도, 이후 저작권자가 공탁금 외의 추가적인 보상을 요구할 수도 있다. 따라서 사전에 전문가와 상담하여 법적 리스크를 최소화하는 것이 중요하다.

캐릭터 사용을 위한 공탁 제도는 저작권자가 불분명한 경우 합법적으로 이용할 수 있는 방법이지만, 철저한 사전 조사와 법적 검토가 필수적이다. 공탁 절차를 거친다고 해서 모든 저작권 문제가 자동으로 해결되는 것은 아니며, 이후 권리자가 나타날 가능성과 추가적인 법적 분쟁의 가능성을 염두에 두어야 한다. 또한 저작권뿐만 아니라 상표권 문제도 별도로 검토해야 하며, 해외에서 동일한 캐릭터가 보호받는지 여부도 확인해야 한다.

따라서 공탁을 진행하기 전에 저작권 전문가나 변호사의 조언을 받아 법적 리스크를 최소화하는 것이 가장 안전한 방법이다.

6. 내 캐릭터의 비상업적 사용 요청, 어떻게 대처해야 할까?

캐릭터 사업을 하다 보면, 내 캐릭터를 비상업적으로 사용하고자 요청하는 문의를 받는다. 이러한 요청이 들어온 경우에도, 캐릭터의 저작권을 가진 작가로서 여전히 사용료를 받을 권리가 있다. 비상업적 사용이란 어디까지나 사용자의 사정이지 작가의 사정이 아니기 때문이다.

하지만 비상업적 사용의 성격에 따라 금액이나 조건이 달라질 수 있으며, 상황에 따라 사용료를 받지 않고 사용을 허락하는 경우도 있다. 결국 중요한 것은 작가와 사용자 간의 협의에 달려 있다.

'비상업적'이라는 표현이 사실은 무료로 작가의 그림을 쓰고 싶다는 의미일 수 있다. 이 부분을 잘 파악해야 한다. 비상업적인 사용이라 하더라도 사용자가 캐릭터를 통해 이득을 얻거나 홍보 목적으로 사용된다면 비용을 청구할 수 있다. 비록 상업적 판매는 이루어지지 않더라도 캐릭터의 이미지나 가치가 간접적으로 이용될 수 있으므로 사용료를 부과하는 것이 일반적이다.

정말 비상업적 용도라면 상업적 사용보다 낮은 사용료를 청구하는 것이 일반적이다. 금액은 구체적인 사용 범위에 따라 달라지는데, 일반적으로 일회성 사용료로 10만 원에서 50만 원 정도의 범위가 적당할 수 있다.

예를 들어, SNS 프로필 이미지나 개인 블로그에서의 사용은 상대적으로 낮은 금액, 더 많은 노출이 예상되는 대중적 활동이라면 높은 금액을 요구할 수 있다.

사용 목적에 따라 무료로 허용할 수도 있지만, 이 경우에도 저작권자의 권리를 명확히 하여 나중에 상업적 용도로 변경되지 않도록 관리해야 한다.

일반적으로 학교에서 내 캐릭터를 사용하고 싶다고 요청하는 경우가 많다. 이 경우, 그림 6-1처럼 간단한 허가서를 발행하고 그림 파일을 전달해 주면 된다.

만일 새로운 그림을 그려 줘야 하는 경우는 별도로 수고료를 받아야 한다. 이 경우 한 컷당 10~50만 원 정도의 수고비를 받는 것이 좋다. 비상업적으로 사용하도록 허가하는 경우에도 허가서나 라이선스 계약서를 쓰는 편이 좋다.

그림 6-1. 캐릭터 사용 허가서

> 캐릭터 사용 허가서
>
> 발행일: 20XX년 XX월 XX일
>
> 수신: 000 귀하
>
> 본 허가서는 아래와 같이 캐릭터의 비상업적 사용을 허가함을 증명합니다.
>
> ◎ 허가 대상 캐릭터
>
> - 캐릭터명: [캐릭터 이름]
> - 저작권자: [작가명]

◎ 사용 허가 범위

- 사용 목적: 비상업적 용도
- 사용 기간: 20XX년 XX월 XX일~20XX년 XX월 XX일
- 사용 가능 범위: [구체적인 사용 범위 기재](예: 개인 블로그 게시, SNS 프로필 사용 등)

◎ 사용 조건

- 캐릭터의 원형을 훼손하지 않고 사용할 것
- 사용 시 반드시 저작권자 표기할 것(예: ©[작가명])
- 제삼자에게 재허가 또는 양도 불가
- 상업적 용도로 전환 불가
- 사용한 곳의 자료를 전달해 줄 것
- 사용료

금액: [금액] 000원

지불 방법: [계좌이체 등]

본 허가서는 상기 명시된 조건하에서만 유효하며, 조건 위반 시 즉시 사용 권한이 중단됨을 알려 드립니다. 만일 수령인이 상기 조항을 어길 경우, 민형사상의 책

임을 져야 하며 합의에 이르지 않을 경우, 한국저작권 위원회의 중재에 따릅니다.

발행인: [작가명] 서명: ____________________

수령인: [사용자명] 서명: ____________________

연락처:

저작권자: [연락처]

사용자: [연락처]

꼭 잊지 말아야 할 사항은 다음과 같다.

첫째, 사용 기간을 명확히 지정해야 한다. 사용 기간을 명확히 정해 두지 않으면, 불필요한 분쟁이 발생할 수 있다. 따라서 기한을 명확히 설정해 계약을 체결해야 한다.

둘째, 서류의 기간은 반드시 기한이 있어야 하며, 끝나는 날이 표기되어야 한다. 계약서나 관련 서류에는 유효 기간과 종료일이 명확히 표시되어야 한다.

셋째, 자동 연장은 하지 않는다. 계약서에 자동 연장 조항을 포함하지 않도록 해야 한다. 자동 연장 조항은 불필요한 혼동을 일으킬 수 있으므로, 연장 여부는 양측의 동의 하에 결정해야 한다.

넷째, 구체적인 사용 범위를 명시해야 한다. 캐릭터나 작품의 사용 범위를 명확히 설정해, 해당 작품이 어떤 용도로, 어떤 범위 내에서 사용될지 정의해야 한다.

다섯째, 저작권 표기 방식을 상세히 기재해야 한다. 저작권 표기 방식에 대한 구체적인 규정이 필요하다. 이를 통해 저작권 침해를 예방할 수 있다.

여섯째, 작가는 자신의 그림이 사용된 곳을 파악하고 있어야 한다. 작가는 자신의 작품이 어디서 사용되고 있는지 모니터링할 수 있는 권리를 가져야 하며, 이를 계약서에 명확히 기재해야 한다.

일곱째, 작품은 변경되지 않아야 한다. 작품의 내용이나 형태는 계약에 명시된 그대로 유지되어야 하며, 작가의 동의 없이 변경되면 안 된다.

이 모든 조건은 구두가 아닌 서면으로 명확히 합의해야 한다. 구두로만 합의하면 이후 분쟁이 발생할 수 있으므로, 반드시 서면으로 합의하고 서명해야 한다.

지은이

이승용

IP 매니저. 전남대학교에서 학사를, 한양사이버대학교에서 광고 미디어 MBA(석사)를 마쳤다.

둘리나라에서 아기공룡 둘리, 아이시스컨텐츠에서 산리오 캐릭터, 오콘에서 뽀로로 극장판, 카카오프렌즈, 선물공룡 디보, 파스텔세상에서 피터 젠슨, 해피업에서 꼬미와 베베 등의 애니메이션 및 캐릭터 사업을 총괄했다.

국내 및 해외의 콘텐츠 IP 관리와 컨설팅을 하고 있으며, 건국대학교 대학원에서 애니메이션 산업 관련 강의를 하고 있다. 또한 경희대, 인하대, 대구 · 경북 과학기술원에서 창업 멘토로 활동 중이다.

창업진흥원, 소상공인시장진흥공단, 한국환경산업기술연구원, 충북기업진흥원, 한국콘텐츠진흥원 등의 공공 기관에서 콘텐츠 분야와 창업 분야를 주제로 한 다양한 강의와 멘토링을 하고 있다.